HEART

心視野

HEART

心|視野

媳婦，也是別人家的掌上明珠

從「好媳婦病」中徹底痊癒、覺醒的逆媳養成記

逆媳——著　朴柱炫——繪

目錄

PART 1

只不過是結婚了

PART 2

現在，以我為優先

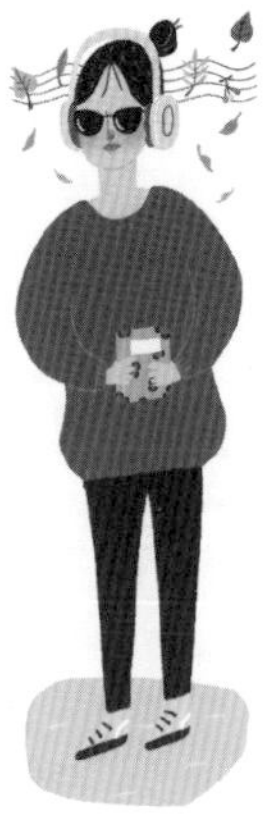

前言

夢想成為得人疼的媳婦

成為十二月新娘的那一天，風特別凜冽。攝影師帶著只穿一件薄紗禮服的我到禮堂外，強制進行莫名其妙的戶外拍攝。費盡心思黏上去的假睫毛隨風飄搖，彷彿一個不小心就會飛到空中，每當大方露出來的肩膀接觸到銳利的冷風時，我都能感覺到皮膚痛得像被劃破一樣。儘管如此，我也只能微笑。

「快結束了……」就像念咒語般我默念著這句話。

咬緊牙關堅持下去，只要忍過這一時的刺骨冷風，幸福就開始了！

想不到，這不過是預告片而已。

當我的角色從新娘升級成媳婦後，冷風簡直變成了西伯利亞的寒流，凍得我全身僵硬。我瘋狂實踐道德教科書上所教的「忍耐」美德，親身體驗被迫「犧牲」的副作用。成為極限媳婦的時候來臨了啊！想要獲得疼愛的人，請忘了過去的自己，以媳婦的身分重新誕生吧！

為了成為大家期望的討人喜愛的媳婦、乖巧的媳婦、讓人引以為傲的媳婦，需要忍耐的事情實在是太多了。就算面對無理的話，也要裝作沒事；暗地裡被無視、輕蔑，也要裝作不知道。我在娘家也是被父母視為無比珍貴的寶貝女兒啊！為什麼在成為媳婦後，必須得忍受無理、差別待遇，有時還得變成婆家免費的傭人。

大家都說媳婦必須要這樣做、那樣做，而且每個人都是這樣過的。天啊！走入婚姻後，我才驚覺這真是我人生所面臨到的最大危機，要是當初有人告訴我結婚後的真相就好了！那樣的話，至少我是做好心理準備才跑進暴風之中的。

因此，為了即將成為媳婦以及已經是媳婦的女人們，我要勇敢的向大家公開，我波濤洶湧的婆家生存記。

如果妳即將成為人家媳婦的話，說不定能幫助妳了解婆家，並做好心理準備。也希望本書對已經是媳婦的女人們來說，能成為同病相憐的安慰。不是只有妳們獨自在內心抓狂而已啊！

我的母親為人媳婦三十四年，是眾人口中的好媳婦，從過去到現在口耳相傳的好媳婦守則，她都親身實踐。為了成為得人疼的媳婦，她在婚姻生活中，一直都盡心盡力的付出，但如今她卻很後悔。因為在那些「好媳婦」的歲月中，沒有人肯定她所付出的那些心意。沒有意義的努力，使媽媽變得不幸。

我下定決心不要做出同樣的蠢事，我不要踏上那條通往不幸的道路。於是我放棄了「因為想要獲得疼愛而獨自努力，結果卻反覆受到傷害」的行為。或許我的作為在某些人的眼裡看來，是個不受教、自以為是又無禮的媳婦。然而，對我來說，這是唯一可以維持婚姻，又能守護自己的方法。只有守護我自己，才能守住家庭的和平及幸福。

人們老是在說媳婦最重要的責任就是「維護家庭和平」。為了達到這個目的，我必須選擇改變；為了實現我和先生夢想中快樂的婚姻生活，我必須要這麼做才行！

當然，我絕對不是在慫恿大家要像我一樣。只是，萬一，萬一某一天當妳在心裡，突然感覺到有什麼不對勁的時候；知道必須改變卻提不出勇氣的時候，若能夠想到，像我這樣的逆媳也能活得好好的，說不定就會使妳產生力量。

我會活得像我自己，並且活得更「好」，因此，我希望所有嫁到奇幻世界的別人家的寶貝女兒們，也一定要過得很好唷。Peace～

PART 1 只不過是結婚了

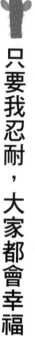

只要我忍耐，大家都會幸福

「出生年月日？」

「一九八六年，屬虎。九月五日下午兩點出生。」

結婚前約一個月的某一天，我和公司同期的同事一起到一間命理館。會來到這個地方，其實是不久之前我為了送喜帖而和高中同學見面，她跟我說有個很會算的命理師，叫我結婚前一定要去算看看，並把電話號碼交給我。朋友低聲說，她認識的朋友先前去過，「姜老師」算的未來全都中了，準得令人起雞皮疙瘩。

「我朋友結婚之後就辭職在家休息，但老師說她馬上就會去工作，不過很快就又會因為懷孕而辭職，還說她會生兒子。後來她真的錄取了電視購物主持人，沒多久因為有了小孩又辭職在家休息，不久之前生了個兒子，全被老師說中了。」朋友說得好像是在告訴我什麼天大的祕密一樣。

高中同學的話對我來說，是無法用一般意志力拒絕的誘惑。腦波弱的我，隔天立刻預約，假都沒來得及請就跑去了，老老實實的坐在姜老師面前。

「我下個月就要結婚了，這是我未婚夫的出生年月日，可以請老師一起看看嗎？」

火、水、土、木……各種自然萬物的語詞登場，聽不懂的話在空中飄來飛去。總之，結論是我和未婚夫兩個人是天作之合。雖然這句話聽來很讓人開心，但難道我是因為想聽到這一句話，才欣然的從錢包裡掏出千元大鈔的嗎？正當我因為莫名的安心感而露出微笑時，姜老師暫時閉上的眼睛又突然睜開，然後丟出一句話：

「婆婆很強勢。」

太神了，這老師真的會算！我差點就要大叫出聲了。因為那一句話，我對姜老師的信賴度直接從百分之三十衝到百分之三百。

「沒錯。我婆婆她有點……」

「啊，不過也不用太擔心啦，因為妳更強勢。」

不知道是不是在安慰我，姜老師一邊露出微笑一邊說。陪我去的同事因為這句話大笑個不停，我不知為何有種勝利的感覺，因此得意了起來。找工作靠爸爸關說，走進面試試場時，就是這種感覺嗎？結婚，不過如此嘛！都說我大獲全勝了，還有什麼好擔心的！

「就忍著吧！」

「嗯？」

「不要想著贏，要忍耐，只要妳忍耐，大家都會幸福。」

從皮拉提斯練就的核心肌群中，噴發出來的戰鬥意志，一下子就被這句話給澆熄了。「只要我忍耐，大家都會幸福。只要我忍耐、只要我忍耐……」這句話

忍
忍
忍

默念三次就能避免殺人。為了家庭幸福，沒有什麼是我做不到的。身為負責眾人幸福的媳婦，我的內心充滿使命感，下定決心要忍，並且一忍再忍。

然而，結婚第四年，如今回頭一看，發現姜老師的話有一個小錯誤。

並不是「只要我忍耐，大家都會幸福」。

而是只要我忍耐，「除了我以外」的大家都會幸福。

還說很會算，根本就騙很大！

新娘罹患黃疸的真相

很久沒有整理電腦桌面了，正當我一個一個清除隨便亂放的檔案時，滑鼠游標突然停了下來。如同老公深藏在D槽的A片檔案一樣，不想被看到的「婚禮紀實DVD」竟然還在這裡！

結婚總歸一句就是花錢。一樣是做皮膚保養，只要名稱加上「新娘」，價格就立刻翻倍跳。攝影也是，只要模特兒是新郎、新娘，價格就隨人喊。說不定有人就是把「準夫妻」，當作「待宰肥羊」，然後在一旁嗤嗤笑吧！儘管如此，我們卻以「一輩子就這麼一次（雖然最近好像不是這樣）」為理由，欣然的接受成為待宰肥羊這件事。

我甚至還特地跑去濟州島拍婚紗照，結婚戒指是在名牌店挑選的，禮服則是在以贊助電視劇聞名的婚紗店訂製，拍婚紗時也請了兩位攝影師，真的是非常認真的在撒錢。

我們就這樣一步步踏上成為待宰肥羊的道路，在這個過程中，就只有一件事可以省一點，那就是「婚禮紀實ＤＶＤ」。我覺得即使婚姻生活的幸福指數飆升到百分之兩百，也很難想像，我們會特地播婚禮影片來看，邊看還邊露出心滿意足的微笑。我想就算拍了影片也不會想放來看吧！所以本來不想拍的，但是老公堅決反對。他說他看過不知道哪一部電影或電視劇中，有對即將離婚的夫妻，因為看了婚禮影片，而重新確認了愛情還什麼的。

我是覺得如果他們會因為看了婚禮影片而重新考慮離婚的話，那麼可能光看育兒綜藝節目，也就能讓他們把離婚協議書撕掉了。雖然我這麼說，但是老公的想法很堅定。結果，為了萬一可能會發生的離婚，我們還是拍了影片，當作是預防對策（？），因為捨不得再花大錢，所以我們沒挑婚顧推薦的要價萬元的業者，而是選擇了一家與婚禮會場合作的廠商，並且很高興的花了不到一半的錢就得到婚禮影片。

我在觀看影片的同時，明白了一分錢一分貨的真理。影片裡的新娘，簡直就像個罹患黃疸的病人，整張臉黃到不行，症狀超級嚴重。從凌晨四點開始化的昂貴新娘妝，消失得無影無蹤，新郎則是頂著鮮豔的粉紅色嘴唇。這是個讓人心情會不由自主變差的影片。如果我們在離婚前重新看過這個影片的話，肯定會在新娘入場的畫面出現之前就飛奔去法院了。這個影片並不是結婚的紀念影片，就只是結婚的證物罷了。

由於黃疸新娘太過驚悚，因此當初我就想著一定把這傢伙給銷毀掉，沒想到它竟然還活著。儘管如此，因為不能隨便銷毀證物，所以我只好將它移到看不見的安全之處，但一不小心手滑按成了播放。

黃疸新娘的臉填滿了電腦畫面。除此之外，那天的記憶也再次浮現。

「婚禮的主角是新娘」，我敢斷定這句話是沒有結過婚的人說出來的謬

論。雖然像主角一樣站在前面，但是婚禮中沒有一件事情是新娘可以隨心所欲進行的。

所謂的婚禮，是只有一步步戰勝這個艱險苦難和逆境的人，等級練就後，才能蛻變為獨立的人。我想這也是婚禮為什麼要有那麼多繁文縟節的原因。

等級一，在兩家人的氣勢之戰中，挑選婚禮會場（難易度★☆☆☆☆）

從選擇婚禮會場的位置開始，男方和女方兩家人便展開了拉鋸戰。婚禮要選在新郎家住的地區，還是在新娘家住的地區呢？每個人的說法都不一樣。

老公家和我家距離大約三十分鐘車程，因為是不算太遠的距離，所以又更加模稜兩可了。這種事情法律上也沒有規定，但兩家長輩都只聽對自己有利的說法，一步也不肯退讓，持續進行分不出高下的氣勢之戰。

我和老公夾在雙方家長中間，冒了一身冷汗。最後長輩們達成協議，兩個地區的會場全都會去打聽看看，然後再從中選擇符合希望日期和費用的地方。最後，符合條件的地方就只有一個，而那個地方是離我家比較近的會場，因此婆家不得不退讓。

但是婆婆提出了條件，她要我們包遊覽車載男方親友到會場。僅僅三十分鐘車程的距離，竟然說要包遊覽車！這真是強而有力的一擊。

接著，兩家長輩為了試菜，一同前往會場。婆婆將所有能對會場作出的負面評價全都說完了，像是會場太暗、氣氛不怎麼樣、位置不佳、食物不好吃等等，而且從頭到尾都板著一張臭臉。雖然老公不斷安撫她說既然已經決定了，就要以愉快的心情來看待，但是婆婆的不悅似乎沒那麼容易消除。

最後我爸媽的表情也變了。我和老公為了試菜吃了不少苦頭，就像父母正在鬧彆扭的小孩那樣，夾在中間的我們都不知道食物是從嘴巴，還是從鼻子吃進去。

等級二，順利發出喜帖（難易度★★★☆☆）

前幾年，有一位朋友發喜帖給我時，忍不住長嘆了一口氣。一問之下我才知道原來這是她印了第二次的喜帖。因為當她把印好的喜帖拿到婆家後，婆婆不滿意，而且很生氣，她逼不得已只好重做。那時候我還沒開始準備婚事，對這件事驚訝得說不出話來，覺得這怎麼可能是真的？等到了我要訂製喜帖的時候，直覺告訴我，這件事情很可能也會發生在我身上。

於是，我收集了三十幾張喜帖樣品，攤開在公婆面前。雖然公婆展現出寬闊的心胸，直說挑你們喜歡的就好，但馬上又加上「這個太小孩子氣了，不行」、「那個跟季節不搭，不怎麼樣」等充滿關愛的建議。我心裡選定的那一張帖子，也被批評沒有喜帖的感覺，被他們丟到角落去，果然我差點就要印兩次喜帖了。

本來以為喜帖的難關就這樣順利度過了，結果意想不到的伏兵「電子喜帖」卻登場了。在電子喜帖上是否要放新郎、新娘及主婚人的聯絡電話，這件事成了問題。

「把電子喜帖上的主婚人電話號碼刪掉啦！美子家的女兒結婚之後，其中一個同學，竟然把電子喜帖上新郎媽媽的電話號碼存起來。」

天下何其大，怪人何其多。雖然這是完全無法用我的常識去理解的行為，但是媽媽無謂的憂慮，讓我心裡很不爽。媽媽無時無刻都在擔心可能會有奇怪的人存下她的電話，然後打來騷擾。婆婆不喜歡的理由則是，電子喜帖的風格太過華麗，她怕朋友們會說三道四。媽媽從電子喜帖完成的那天開始，就一直要我把主婚人的電話刪掉，一天講十二次，講到我都快煩死了。

電子喜帖有固定的格式，很難隨便加入或刪掉聯絡電話。如果把主婚人的聯絡電話刪掉，那麼新郎、新娘的聯絡電話也會一起被刪掉，所以讓我非常苦惱。後來因為媽媽真的太擔憂了，所以我將聯絡電話都刪掉，結果又換婆家質問說為什麼要刪掉聯絡電話。就這樣，電子喜帖上聯絡電話加入又刪掉的這個動作，好像反覆做了二十三次左右吧！最後，雙方達成協議，按照原來那樣加入所有人的聯絡電話，但是媽媽不發送電子喜帖給朋友。

等級三，向賓客評審團微笑致意（難易度★★★★★）

「婚禮上不要哭。哭的話，看起來很像是有什麼隱情的女人。」

「也不要笑得太開。新娘咧嘴大笑，會讓人講話的。」

由於婚禮就快要舉辦了，因此每個和我見面的人，對新娘的行為守則都有很多話要說。其中講得最多的是關於新娘的「表情管理」。有人說，哭的話，會有很多人在背後說閒話，但也有人說，笑的話，會看起來很輕浮，害我很煩惱到底要笑還是要哭。在新娘入場之前，眼淚差點就奪眶而出，但我咬著嘴脣忍住了。因為怕眼淚會忍不住流下來，所以整場婚禮我都不敢看爸媽的臉。老公唱祝福歌的時候，雖然很想笑，但我也努力掩飾，裝作一副若無其事的樣子。

如今再次看到自己的樣子，我有點後悔當時為什麼沒有坦率的表露當下的情緒。新娘非得要掩飾情緒才行嗎？流眼淚會怎樣？哈哈大笑又怎麼樣？這又不是別人的婚禮，是我的婚禮啊！

進場儀式結束之後，我要先換衣服，再逐桌向百忙之中撥空遠道前來的朋友及親戚們打招呼。這當中有許多陌生的客人，他們大部分都是兩家父母的朋友。雖然是第一次見面的親戚，但我們還是帶著親切的笑容走上前敬酒。有一個阿姨抓住我的手說：「新郎、新娘真是俊男美女呀，恭喜你們。」老公和我一邊道謝一邊鞠躬行禮，轉身要走時，看起來像是她同伴的男子卻突然冒出一句話：

「現在大家都嘛在臉上動過刀，所以才會那樣啦！」

如果他說得很小聲就算了，偏偏那句話正好傳進我的耳裡，於是我的腳步自動停了下來。如同選美小姐般臉上刻意帶著的笑容也瞬間消失了。我回頭一看，發現坐在那桌的人，把評價我的外貌當成下酒菜，正在互相乾杯。我很想立刻轉身問他是否認識我，但是老公拉住我的手說：「算了，走吧！」

聽說他們是婆婆的國小同學，知道這件事更令我火大。也就是說，這些人是今天第一次見到我。

雖然因為新娘妝有貼雙眼皮、黏假睫毛，所以臉看起來特別漂亮，但是客觀來說，這樣的容貌並沒有達到會讓人誤會的程度。就算真的「在臉上動過刀」，這似乎也不適合在婚禮當天，對初次見面的新娘說吧？在這之後的逐桌敬酒當中，我也被氣得臉漲紅了好幾次。因為我得到的不是祝福，而是評論，例如：因為減肥所以看起來很老、臉色不好等等。

如果是因為拿了人家的禮金，所以必須忍受那種話，那我很樂意把所有的禮金退還回去，我只想收到單純的「祝賀」。還有，如果可以重新回到那個時候，我絕對不會舉辦婚禮。

啊，我突然想到，那天我是不是真的臉色發黃了啊？說不定影片其實一點問題也沒有。

把媳婦當成女兒一樣看待？

我喜歡名牌包。因為很堅固，所以放進三、四本書也不容易壞；手感很好能一手掌握；看起來有種不輕浮的帥氣……這些全都是屁話。我是因為昂貴，所以喜歡。只要有一個名牌包，就算不說出「我有可以購買價值五萬塊包包的經濟能力」，也可以「裝作」我有。雖然這樣聽起來，我像是個愛慕虛榮的庸俗之人，但這就是我誠實的內心。所以我喜歡名牌包，不，準確來說，是喜歡拿著名牌包的我。

照我這樣說，我擁有的名牌包應該可以塞滿整台購物車，但事實上我只有兩個。一個是弟弟去義大利旅行的時候，在Outlet買的Y牌包包。弟弟為了要減少行李，所以把盒子和防塵袋全都丟掉了，還將那個高貴的名牌包隨便塞在行李箱裡面帶回來。

託他的福，包包在到達我手上時，就像是已經用了十年一樣。看了都會讓人懷疑，那是在二手市集而不是在Outlet買的。看著屬於我的第一個名牌包上到處是皺褶，我的心就像被撕裂般疼痛。

為了撫平包包上的皺褶，我把家裡所有的絲巾都拿出來，一邊塞進包包裡面，一邊祈禱，但是不管怎麼做都沒用，不管是人，還是名牌包，皺紋一旦產生就不容易消除了。就在我差不多遺忘第一個名牌包的痛苦記憶時，第二個名牌包來臨了，是想都沒想過的婆婆送的禮物。

結婚前夕，兩家人都同意簡化婚事，但婆婆卻說希望不要省略現金禮緞[1]，無論是當時還是現在，我都不知道為什麼女方一定要給現金禮緞。一直以來，傳統的習俗是男方得準備未來要一起居住的房子，女方則是準備房子裡的家具、家電等。

難道是因為買房子花的錢比準備家具、家電還多，所以要送給男方現金禮緞，以表示感謝嗎？或者是因為婚禮上男方花了很大筆的費用，所以要幫忙補貼？但是，時代不同了，現在帶著一棟房子娶老婆的男人並不多。大部分的夫妻都是一起存錢買房子、一起準備購買家中所需。我跟先生也是這樣，但儘管如此，婆家還是要我準備現金禮緞，真令人覺得諷刺。

由於當時老公才工作一年，所以幾乎沒有存款。雖然婆家有幫忙補貼全租房[2]的保證金，但真要計較的話，我也支出了跟那差不多的結婚費用。明明雙方花的錢差不多，我卻要因為那該死的傳統還什麼的，親手將我用「血、汗、眼淚」積存的二十五萬元領出來、親手包裝、奉送出去。當然，我並沒有因為捨不得那些錢，就把停在停車場的汽車後照鏡全都砸碎，但這絕對不是令人感到愉快

---

① 在韓國的結婚習俗中，新娘要送給新郎家絲綢當禮物，藉此表現禮儀誠意，今日除了絲綢也可以用禮物或現金代替。

② 房客先繳交一筆錢給房東，通常是房屋總價的百分之五十到百分之七十，之後入住期間不需再付任何租金，只需付水、電、瓦斯、管理費等等，期滿退房後，房客可拿回當初繳交的錢。

的經驗。

總之，我們除了禮緞費用之外，其他奢侈的習俗我們都不打算遵守，例如：互相贈送手錶或包包之類的事。可是後來情況變得有點曖昧，因為老公想在結婚之前買車，算一算還缺八萬塊，我覺得沒必要為了這點錢分期付款，因此毫不猶豫的拿出這筆錢，並對老公說：「買車的時候拿去補貼吧！」

婆婆知道後，覺得我懂事乖巧，十分讚賞我，於是擅自決定要買包包，送給這位補貼兒子買車的善良準媳婦。

「妳正在工作嗎？」

「是啊，但可以講一下電話沒關係，婆婆有什麼事嗎？」

「我現在在百貨公司。想要買包包給妳。」

「咦？包包？」

「對啊！雖然我沒什麼錢，但是因為妳很乖，所以我想買一個包送妳，妳喜歡什麼顏色？」

上班的時間，突然接到這通令人驚慌的電話，還叫我挑選包包的顏色，讓我有點不知所措。雖然我很想問婆婆是什麼品牌？怎樣的款式？但實在是不好意思開口。婆婆說她現在就在店裡，要我趕快選，所以我只是想到什麼就說什麼。

「嗯，深藍色。」

「奶茶色？」

「不，是深藍色。」

「好啊！奶茶色很漂亮。」

是我的發音不標準嗎？還是正確答案已經是奶茶色了呢？就這樣，我的第二個名牌包誕生了，但是我並不開心。儘管它的用途是為了展示給別人看，但這完全不是我可以駕馭的款式。就連我媽媽一看到都皺著眉頭說：「哎呀，這……包包是怎麼回事？」

「如何？包包妳還滿意嗎？」

「媽，真的非常感謝您。不過……跟我想要的款式有點不太一樣，我可以拿去換嗎？」

「嗯……這樣啊？那我幫妳跟店家聯絡喔！」

隔天我就拿著包包去了百貨公司。店裡美麗的包包們，包括我說的深藍色包包正敞開雙臂等待著我。店員對我說接到婆婆的來電了，請我輕鬆自在的挑選喜歡的包包。這是我有生以來第一次在百貨公司逛名牌精品店。我東摸西摸還試提了幾個，終於選定了其中一款。

「我要換這一個。」

「好的，客人。這個包包一年四季無論什麼時候拿，都是既時尚又美麗喔！您還需要補三萬塊的差額。」

這句話是什麼意思？還要再付三萬元？店員解釋說，因為我新挑選的包包比我婆婆送的那個還要貴，所以需要補差額。我心想「好像也沒那麼喜歡」便放下了那個雖然時尚，但是身價不菲的包。

然而，尷尬的事情持續發生。即使我選擇它旁邊的包包，或它旁邊的旁邊的其他包包，需補的差額每個都在三萬到四萬之間。最後，我選了同款的其他顏色，但是就連這樣都還要多補二萬元的差額。

「客人，因為您婆婆購買的包包是特價商品，所以基本上不管是換哪一個都需要補差額喔！」

「喔……所以這個包包是整間店裡最便宜的嗎？」

我的臉變得通紅，聲音微微顫抖。我覺得既丟臉又傷自尊。店員沒有回答我的問題，反而說了更令人傻眼的話。

「這個您覺得怎麼樣呢？這是本次新上市的新品，反正都要補差額嘛，這款可是最暢銷的喔！您的小姑也是買這一款喔！」

等等，等等。為何小姑會突如其來的登場？原來如此，婆婆和小姑一起來買我的包包，然後買給媳婦的是根本沒陳列在店裡的特價包，買給女兒的則是最新最暢銷的新品包。

我的手因為店員的話而抖個不停。為了現金禮緞我將每個月一點一滴存下來的存款貢獻出來，結果我那價值二十五萬元的血、汗、淚水，竟然只換來一個特價包，這實在是太荒謬了。我覺得我的眼睛裡，好像立刻就要噴出血、汗和淚水了。

「把媳婦當成女兒一樣看待」這句話簡直是胡說八道。媳婦和女兒就如同特價包和新品包，兩者是完全不一樣的。

第二個名牌包，我一次也沒用過。

媳婦的拜拜任務

二十幾歲時，談戀愛既是我的人生目標也是生活樂趣。當我興奮的在臉上稍微化點妝、準備好要出門的日子，經常會被媽媽傳的訊息阻礙：

「今天要拜拜，早點回來。」

優質的一對一聯誼的日子，總讓拜拜這件事絆住我的雙腳。現在回想起來，我每週都很認真的參加三次以上一對一聯誼及團體聯誼，拜拜的日子和認識新異性的日子有所重疊，似乎也不是什麼奇怪的事。

如果提前告訴我的話，我就可以改約時間，但媽媽每次都一定要在當天，而且還是約會前的幾個小時才通知我，害我經常得臨時失約。也因為這樣，當我被沒見過半次面的男人放鴿子時，也抱怨不得。

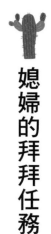

說不定在那些聯誼場合中有不少不錯的對象，也許多虧祖先多次摧毀我的聯誼，我才能巧妙避開他們，最後讓我遇見現在的老公。

每當我因為拜拜而去不成聯誼時，總是以懇切的心向祖先祈禱：

「祖先，拜託下次祭祖請避開聯誼的時間好嗎？還有，請讓我和不用拜拜的男人結婚吧！」

不知道是哪裡出了差錯，祖先完全無視我那兩個懇切的祈求。每次拜拜的日子，我都必須向那些未來的老公候選人發送取消的簡訊，最後還嫁進超認真拜拜的婆家。

婚後，第一個需要祭拜祖先的日子，老公到國外出差。在沒有老公的情況下，我還是得自己一個人回婆家幫忙，這讓我陷入一種既悲劇又殘忍的局面。因為，當時我在公司的工作實在忙得不得了，在我去夫家拜拜之前，恐怕得先祭拜我自己。

「媳婦啊，妳知道下星期要祭祖吧？」

「媳婦啊，妳幾點來？」

「媳婦啊，妳不需要再買東西，只要給錢就好了。」

「媳婦啊，明天早點來。」

「媳婦啊，下班了嗎？妳等一下幾點會到？」

婆婆可能擔心媳婦會失憶，從拜拜的前一週開始，就不斷的提醒我。說不定她心裡正想著：「都說到這種程度了，應該會提早下班飛奔過來吧！」並露出心滿意足的微笑。然而，親切的嘮叨只會讓叛逆媳婦的屁股變得越來越重而已，婆婆的催促反而成為自願加班的動力。

「媽，對不起，工作太多了，我可能會晚一點下班。我會盡快做完，然後再趕過去喔！」

今天要做的公事不應該推到明天再做。更何況，假如不管待在公司或待在婆

下星期要拜拜
媳婦，妳幾點來？
媳婦啊～
TALK
TALK
TALK
TALK
TALK
媳婦，早點來吧！

家都有滿滿的工作要做的話，那待在可以得到加班津貼的公司，還更具有經濟效益吧！反正婆婆交待的拜拜費用我都準備好了，就用那個來抵銷遲到費吧！

抵達婆家的時候，已經超過晚上十點了，我在電梯裡絞盡腦汁思考要說些什麼才能自然的度過這個窘境，要拚命稱讚婆婆的手腳快，都準備好了呢？還是要一進門就抱怨公司，並開始訴苦呢？看來得先用稱讚試探一下氣氛，然後再以感嘆人生乾淨俐落的收尾。

「婆婆，食物都已經……啊？您還沒做啊！」

婆婆的功力果然不是小小的媳婦可以與之相比的。

她竟然為了跟加班之後身心俱疲、黑眼圈深得像刺青一樣的媳婦一起準備祭祖食物，就這樣坐等到這麼晚！準備祭拜食物是婆媳萌生感情的時候，看來這句話並不是平白無故產生的。

我竟然認為婆家人會先準備，實在是太自以為是了。食材還裝在菜籃裡，靜靜躺在餐桌上，而婆家人正在討論要叫炸雞還是披薩來吃。

「媳婦啊，妳吃晚餐了嗎？我們等妳等到都快餓死了。」

「我加班的時候簡單吃過了。」

「吃過了？那妳要早點說嘛！我們一直在等妳來耶，那妳先把要拜拜的東西整理一下，我們要點炸雞來吃囉！」

真是的，怎麼可以叫我進廚房，自己叫東西來吃呢？看來媳婦不是被邀請的客人，而是被召喚來做事的。如果婆家人連生雞也一起買回來的話，我現在一定會一口氣將雞脖子扭斷，然後炸成美味的炸雞給他們。無法這麼做的遺憾，使我握緊了拳頭。

因為上了一天的班實在太累了，眼前一片模糊，菠菜看起來像蕨菜，桔梗看起來像菠菜。為什麼下了班我還得到別人家準備祭拜別人家的祖先，要和這些食材度過漫漫長夜呢？

我模樣狼狽，急急忙忙的替從未見過面的別人家的祖先擺設祭祀桌。拜完後雖然很想馬上回家休息，但是婆婆說家裡的人必須一起吃拜拜後的食物，邊說還邊用手肘頂我，意思要我再準備一桌飯菜。

不知道是不是因為他們不需要切菠菜只要負責吃就好，直到凌晨都還像大力水手卜派一樣充滿活力。婆婆說她很想念無法回來拜拜的長男，特地撥打視訊電話給老公。婆婆無法抑制興奮的心情，甚至還為老公策劃了特級玩笑。眾所期待的隱藏攝影機之「罵媳婦來試探兒子」。

「兒子，今天拜拜，為什麼你老婆沒來？」

「今天拜拜嗎？媽，妳應該早點講啊，她最近很忙，一定是還在加班。」

「不是啊，媳婦怎麼可以忘記拜拜這件事呢？所有的食物都是我一個人準備的。」

「啊？我有叫她要準備，可能是忙到忘記了，所以我才說要提前講嘛！」

「實在太會演了！」據說出色的演員即使屁股被突然踢了一腳，還是能使出渾身解數發揮精湛的演技。婆婆的演技讓我看得出神，不知道她是想展示自己的表演實力，還是想諷刺遲到的媳婦，我實在猜不透。不過，有一件事情是確定的，那就是現場除了我一個人之外，所有人都非常開心。假如犧牲我一個人，就能讓所有人的人生得到快樂，我會欣然的奉獻出我的身軀！但現在的感覺，實在讓人有點不爽，就像口中吃進了沙沒吐乾淨的蛤蜊一樣，很不是滋味。不管怎麼說，眼前展開的狗血劇，情境的設定及台詞都和我不合。

竟然向不知道自家拜拜日的兒子說媳婦的壞話，說她沒有替別人家的祖先準備祭品！長男不知道拜拜日是天經地義的事，但是剛嫁過來的媳婦忘記卻成了千不該萬不該的錯誤，這是什麼道理！

仔細想想，我和先生蜜月旅行回來時，婆婆準備給我的是一張寫滿婆家婚喪喜慶之日的紙。我像是接過房契一樣，在房間的某一個角落，安靜且慎重的將清單放進口袋。

「回去之後一定要標示在月曆上，並且要好好準備才行。」

娘家人的生日我有時候還會忘記，婆婆竟然把婆家所有人的生日，甚至是公婆的結婚紀念日，都詳細的寫給我，而當時的我只能用天真的臉龐點了點頭。那時應該要拿著那張紙跑去客廳對老公進行快問快答，現在真是後悔莫及。在那張寫得密密麻麻的清單中，老公究竟知道幾個呢？

婆家人正因為老公上當受騙而捧著肚子哈哈大笑。一邊用手機照著憔悴的我，一邊說：「媳婦當然有來啊！怎麼可以忘記要祭祖呢？」接著又是一陣大笑。老公嘆了一口安心的氣，我則嘆了一口其他意義的氣。

乖兒子、好哥哥和優質老公

很久很久以前，有一對兄妹手足情深。因為是雙薪家庭，父母都很忙碌，所以兄妹倆一起度過了許多時光，他們非常珍惜並照顧彼此。妹妹曾經是哥哥的跟屁蟲，常常跟著哥哥出門去見他的朋友。哥哥的朋友們也都很歡迎美貌出眾又會撒嬌的妹妹。

然而有一天，出現大問題了，哥哥有了壞女友！女友非常不爽妹妹老是跟在哥哥後面。連約會都要跟，實在讓女友相當傻眼。為了情人節而規劃的滑雪場約會，男友也說妹妹要去。雖然女友很生氣，但是兄妹倆早就已經開心的收拾好行李，最後三個人一起去滑雪場過情人節，而留下了難忘的回憶。

在那之後，哥哥的約會妹妹也沒少去過，甚至妹妹還帶著自己的戀人來個二對二約會。壞女友被抑制不住的憤怒給包圍，最後向男友宣戰：「不要再帶妹妹和她的男友來了。」然而男友卻說，他無法理解為什麼女友不想和他的妹妹變熟。

壞女友非常生氣，於是想出了一個計謀。她向男友提議，想一起去濟州島，來個三天兩夜的旅行。男人想像著在濟州島的蔚藍大海前面，為女友製造浪漫氣氛，因而興奮不已，但壞女友卻說，她的妹妹也要一起去。男人被突然登場的女友妹妹嚇得驚慌失措，然而這是他一直以來都在做的事，所以也不好拒絕。就這樣，他們三個人在濟州島一起度過了有如二十三天的三天兩夜。

從此以後，男人好像感覺到了什麼，再也沒有在約會時叫妹妹來了。兩個人維持著平順的戀愛，最後終於結婚了，然後過著永遠幸福快樂的日子……嗎？

前幾天我到歐洲出差十天。第一次到國外出差還是去歐洲，我興奮得連續好幾天都像瘋子一樣，會望著天空傻笑。但是出發之後，我才發現沒有比這個更辛苦的差事了。天天我都得在炙熱的太陽底下，至少走八小時，每天都要換飯店，一天要搭兩三趟火車。最關鍵的事情是，這整整十天都陪著我的導遊，雖然可以隨心所欲的使用德語、英語、義大利語，卻不會講半句國語。

在這個跟流放地沒有什麼兩樣的地方，帶給我一絲希望的就是飯店的自助式早餐。因為這是唯一可以擺脫嘮叨的金髮導遊的時間。即使我每天晚上都累得直接倒在床上，但只要一天亮，我便毫不遲疑的快速起床，直奔自助式早餐。

一個人安靜享用的早餐最美味。我向廚師點了一份歐姆蛋；狂喝用柳丁和蘋果現榨的新鮮果汁；將雜糧麵包加熱後，放上煙燻鮭魚片，再蓋上番茄和洋蔥，成了自製三明治，然後一邊吃一邊露出心滿意足的微笑。

來到歐洲的第五天，我在義大利米蘭迎接了早晨。既然來到了時尚之都米蘭，我想要看起來像個「時尚達人」，因此一大早就換了好幾套衣服。想以圓領T恤搭配牛仔褲，卻感覺跟窮遊的背包客一樣寒酸；試著在短袖T恤上披上開襟衫，卻很像過氣的青春時尚雜誌模特兒。因為裝了米蘭靈魂，我行李箱裡的東西看起來非常鄙陋。我換了又換，重複了好幾次，最後換上襯衫和超級不方便的魚尾裙，才滿意的走出房間。

為了穿出東方時尚達人的品味，早餐的時間被推延了，距離和導遊見面的時間只剩二十分鐘。雖然有些緊迫，但是二十分鐘已經足以讓我吃飽了。

我一邊快速移動，一邊把麵包、麥片及水果裝到盤子裡。正想開始用餐時，親切的女服務生就問我，要不要來杯卡布奇諾。沒想到我會穿著新買的魚尾裙在米蘭的清晨，優雅的喝著卡布奇諾。正當我因為心情愉悅而不由自主的哼起歌時，手機鈴聲響了，是老公打來的電話。

老公說他因為週末沒事，所以回去婆家，現在和小姑正在吃午餐。我告訴他我過得很好並傳達我的問候之後，女服務生正好面帶微笑的將卡布奇諾放到桌子上。濃密的白色奶泡覆滿了咖啡杯，光是眼睛看，就能感受到它的香醇和綿軟。輕灑在上方的肉桂粉，苦甜的香氣正刺激著我的鼻尖。

我剩餘的時間不到十分鐘了。雖然很抱歉，但是老公的電話早已被我拋在腦後，我的眼睛、鼻子、嘴巴都被卡布奇諾給吸引住了。我必須在奶泡消失之前喝掉它。我說：「我現在正在吃飯，晚點再打給你。」想藉此結束通話。但是，老公卻急忙叫住我：

「老婆，我妹想跟妳說話。」

結婚之後，我從來沒有和小姑通過電話。她有什麼事情都是透過先生傳話，我們之間連訊息都沒有傳過。這樣的她一定要和身在歐洲的我通電話的理由是什麼呢？

「嫂嫂，到歐洲出差好玩嗎？真是太令人羨慕了，天氣好嗎？」

不知道從什麼時候開始，我們成了會在相距八千九百公里之處熱情講電話的關係，小姑絮絮叨叨的問我到歐洲出差的感想，甚至還適時穿插「好羨慕」、「一定很有趣」等話，使通話持續下去。

但是卡布奇諾並沒有耐心可以靜靜等我，消失的奶泡讓我的心揪了一下。我覺得我有必要趕緊結束這通一直在繞圈子的電話。

「這幾天行程太滿了，沒有自由活動的時間。明天開始會有一些空檔，應該可以買個化妝品或香水之類的東西，如果時間允許的話，我會買一些伴手禮回去。」

小姑這才放心的把電話給掛了，我也終於有喝一杯卡布奇諾的閒暇了。我端起咖啡杯，正想喝下令人感動的一口時，手機又響了，是老公傳來的訊息。

「老婆，我妹要妳買 GUCCI 皮夾。」

代購的項目傳錯人了嗎？沒頭沒尾也沒給預付款，竟然說要買 GUCCI 皮夾？小姑似乎是將自己無法直接傳達的心裡話，偷偷告訴她哥哥，老公則是沒有半點猶豫，立刻就傳送訊息給我。我直接無視老公的訊息，這下終於獲准享受卡布奇諾的奢華了，義大利的卡布奇諾真的是棒極了。

經過十四小時，被關在飛機裡動彈不得的飛行後，我總算回國了。老公請了特休假，特別來機場接我，和他一起吃完一碗涼麵後，我才有「我的流放生活結束了」的真實感。

回到家之後，我打開行李箱，現在是整理禮物的時間。我分別把要送公司同事和要送家人的禮物拿出來，也拿出為老公準備的禮物。全部整理好之後，我發現我給自己的東西竟然只有一條牙膏。

在歐洲時，導遊叫我「購物女王」。行程中只要有一點點空檔，我就會馬上跑去購物。這趟出差，公司同事都很想來，但只有我被選上，其實心裡有些不好意思，因此我也準備了要給同事們的禮物，然後也買了日夜等待著我的老公及娘家人的禮物。

結婚之前只要做到這種程度就可以了，但婚後必須得顧及婆家，買禮物真不是一件容易的事。由於沒有額外的自由活動時間，如果想要買這麼多人的禮物，就必須一有空檔就展開行動。就這樣，行李箱有一大半塞滿了禮物，然而，當我發現其中真正屬於我的東西竟然只有牙膏時，不知為何，我覺得有點難過。

老公翻了一下我買的東西，拿起三個米蘭磁貼，那是我要送給好朋友的禮物。

「妳只買磁貼送給好朋友喔？我覺得妳對朋友好像不怎麼好耶！」

雖然老公邊笑邊說，但是我並沒有遲鈍到聽不出他話中帶刺。

「不怎麼好？是因為我沒有買你妹的皮夾，你才這樣說的嗎？」

被我一語道破的老公滿臉驚慌。我早就知道他剛才為什麼要一直翻禮物堆，以及在找什麼東西了。他似乎天真的以為我會去買小姑想要的皮夾，我連喜歡的口紅一個都沒買，還想要我幫忙買小姑的皮夾？真是不切實際的妄想。

「不是啊，我妹很期待的，沒有買的話，她會很失望吧！」

什麼？要失望也是我先失望，我對這個讓人感動落淚的兄妹情深感到非常無言。在這個兄弟之間為了爭奪財產，就算揮刀相向也稱不上什麼新聞的時代，這對世上獨一無二的兄妹需要受到國家的保護。

我也不是沒有買小姑的禮物。小姑要我在免稅店買的香水，我也硬是擠出時間幫她買回來了，還另外準備了口紅、化妝品、牙膏要給她。老公只想到他妹妹因為沒有收到 GUCCI 皮夾而失望的臉，卻沒看到他老婆的禮物，就只有在瑞士某超市購買的一條牙膏。

老公的話壞了我的心情，原本準備好要送給小姑的禮物也變得不想送了。那是我花了錢又花了時間，辛辛苦苦買回來的禮物，竟然在收到之前就說「會失望」，我想所謂吃力不討好指的就是這種事情吧！

他因為盡忠於「好哥哥」的角色，而忘了成為「好老公」。如果是好老公的話，就應該在說出「對朋友不好」之前說出「先對妳自己好一點」。不對，打從一開始就不該傳訊息說妹妹想要皮夾，造成我的不方便。

我並不是嫉妒他們兄妹感情好，我完全可以理解老公想要當好哥哥的心情。就像我結婚之後，也仍舊想要是爸媽的好女兒、弟弟妹妹們的可靠姐姐。

問題是，老公非常不擅長「轉換模式」。結婚之前就只有「乖兒子」、「好哥哥」兩種模式，結婚之後增加了「優質老公」模式，不知道是不是因此超出負荷，所以常常出錯。

在我面前是「好哥哥」模式，要我幫妹妹買皮夾；在公婆面前卻轉換成「優質老公」模式，害我遭人白眼。為了我們婚姻生活的和平，老公的模式轉換錯誤是攸關生死存亡，必須要克服的課題。

雖然小姑沒有收到皮夾，但是嫂嫂買來送給她的禮物，也夠讓她高興了。如果不是老公多嘴，送禮物的我也會心情很好。老公什麼時候才能熟練的切換「乖兒子」、「好哥哥」、「優質老公」這三種角色呢？或許那一天，才是我們的婚姻生活真正洋溢著幸福的日子吧！

媳婦的每個節日，都是「勞動節」

以前看著已婚的女前輩們爭相要在節日時來上班，我實在是無法理解。我很好奇到底什麼事會比上班更討厭，聽人家說無謂的好奇心會招來災禍，現在的我完全懂前輩們的心情了。快到節日時，睡前我總會誠心祈禱：

「神啊，這次春節假期請讓我到外地出差吧！」

其實，我結婚之前也不怎麼喜歡過節的。媽媽的個性有些固執，她的廚藝很好，無論什麼菜，都可以做得很好吃，媽媽自己也非常清楚這件事。

「買來的食物又不好吃，我們自己在家做來吃吧！」

但只要去到市場，就會發現那裡充滿各種烤得黃澄澄的煎餅和好吃的食物，只是媽媽的視線，從來沒有停留在它們身上。其實只要付錢，就能輕鬆擁有滿滿一桌拜拜的食物，但這是我們家根本想像不到的事情，進到家人嘴裡的，只能是媽媽親手製作的食物。

每當過年過節，我們全家就在主廚媽媽的指揮之下，井然有序的行動。烹飪手藝好的妹妹是威風凜凜的副主廚，負責炒野菜及製作雜菜；手腳俐落的爸爸則是助理廚師，負責將煎餅翻面；只會吃的弟弟，在媽媽身邊打轉負責試吃，我則是無法從擔任了將近二十年的 dishwasher（因為想要看起來很厲害，所以寫成英文，其實就是個「洗碗工」）中跳脫出來。因為我對做菜既沒有天分，也沒有興趣，所以被分配到洗碗這件事，對我來說並沒有太大的不滿。

婆家的節日跟我家比起來已經非常現代化了。公公認為善盡禮節是必要的，所以過年過節祭祖是不可少的，但雖然得拜拜，卻很有忙碌現代人的樣子。婆家並沒有花費太多時間和精力準備食物。圓形煎肉餅是買超市賣的冷凍食品，煎熟即可；年糕湯則買用市售的牛骨湯包調出味道即可。沒有出動全家人以一起拚個你死我活的方式做準備，不知道有多麼幸運呢！

儘管如此，我還是很討厭節日，比結婚前更討厭了。老公歪著頭問我：

「又不用做什麼菜，有什麼好累的？」

這句話完全展現了他純真的靈魂，老公召喚拳頭的能力又向上提升了。

哈囉？節日的壓力又不只是準備食物而已！

結婚後某個需要祭祖的節日，在公婆家，公公和老公負責剝栗子；婆婆、我及小姑則待在廚房。兩個男人剝完栗子之後在看電視，三個女人在準備食物。

男人電視看著看著，就打起瞌睡來了。

三個女人之中，有一個說要去見男朋友，便快步走到外面去了。

兩個男人瞌睡打到一半，又繼續看電視。

剩下的兩個女人之中，有一個說朋友打電話來，便默默溜回房間裡。

兩個男人之中，有一個看電視看著看著又睡著了，另一個則是進到房間裡玩電腦遊戲。

獨自留下的女人做了菜、洗了碗，然後又再次做了菜、再次洗了碗。

比驚悚電影還要令人起雞皮疙瘩的事情就這麼發生了。明明一開始有五個人，但回過神後，現場竟只剩我一個人。

「我們家媳婦真厲害。」

婆婆講完電話後，走過來稱讚翻著煎餅且臉比大便還臭的我。出去玩的小姑也提著滿滿的購物袋回來了。她一邊說：「認真做事的嫂嫂快吃吧！」一邊遞上冷掉的熱狗。就算妳不這麼做，我也因為油味快要吐出來了，唉呀，還真是貼心啊！原本在房間裡玩遊戲的老公搖搖晃晃一副悠閒的模樣走了出來，看到我眼裡瞬間掠過的殺氣之後才開口問：

「……菜……菜都做好了嗎？要我幫忙做什麼嗎？」

「天啊，兒子，廚房裡已經有三個女人了，你幹麼還要進來？你去陪爸爸喝杯酒，菜都已經做好了。」

婆婆，雖然廚房有三個女人，但奇怪的是，只有一個人在做事喔！

隔天早上拜拜結束之後，老公說他昨天喝太多有點宿醉，於是走回房間繼續睡覺，公公在客廳看電視，小姑嘻嘻哈哈的和男朋友講電話，婆婆則是去洗衣服了。

結果，洗碗的工作又自然而然成了我的工作。雖然每逢節日我都在洗碗，但是在婆家是連續兩天都由我一個人洗碗，感覺完全不一樣。心裡有一種辛苦工作卻拿不到薪水的不爽感，很想向勞動部申告。我快要洗完碗的時候，婆婆走進廚房跟我說，小姑的男朋友中午要來打招呼。

「中午一起吃完飯再走好嗎？大家好久沒有見面了，全家人一起吃個飯不是很好嗎？」

我的腦袋自動將婆婆的話進行翻譯：

『吃完午餐再來洗一次碗吧？』

婆婆是想和家人們度過更多美好時光，曲解她那溫暖心意的我，當場脫掉橡膠手套。

「不，我媽還在等，我要走了。」

回到娘家，媽媽果然早已準備好一桌超豐盛的菜餚。我一看到媽媽，眼淚差點奪眶而出。媽媽的優秀女兒在別人家拚命洗碗，而且還沒有薪水可拿！

老公說媽媽做的菜很好吃，把整碗飯都吃光光了，接著一副乖女婿的樣子，拿著托盤說：「我來收拾碗盤吧！」

「等等，誰都不准碰餐桌。整理桌子和洗碗都由我老公來做。」

媽媽阻止正要收拾的老公。為了和平度過節日，還有為了避免我英年早逝，這是「第二好」的選擇。

如果我在公婆面前說出：「兒子女兒都不洗碗，卻叫媳婦來洗，未免也太不合理了！」那我遲早會以問題媳婦的身分，出現在電視裡被全國人民公審。即便如此，每逢節日只有我一個人要負責洗碗，我肯定很快就會苦悶到死。

「在婆家都是我一個人洗碗，那在我們家不是應該是由我老公來洗嗎？這才公平啊！」

爸媽用「這女人又開始了」的眼神盯著我，妹妹則調皮的在我老公面前說：「姐姐說得對。」雖然老公有點驚慌，但是立刻接受了自己的命運，將橡膠手套戴上。

他自己一個人在廚房洗碗；爸媽在客廳看電視；我走進房間，躺在床上和妹妹聊天；弟弟則在一旁玩電腦遊戲。動作一向慢的老公認真的洗碗，汗流浹背的洗了一個多小時。

只要到了節日，我們就在對方的父母家洗碗。老公在娘家洗過碗後，待在婆家時就不像以前那樣舒適自在了。當然，由於婆婆會把他趕出廚房，所以他也幫不上什麼忙，但是他會在廚房周圍晃來晃去，努力發出「妳不是一個人」的無聲訊息。說不定他心裡抱著希望，認為我會因為他盡心盡力的樣子值得嘉許，就賞賜「免洗碗通行證」的特惠給他。

想都別想！

老公，這次過年我們也一起努力的洗碗吧！

女人的氣勢之戰

婆家偶爾會展開大風吹遊戲，就像綜藝節目裡玩的一樣，只是沒有可愛輕快的音樂，也沒有吹哨的主持人，但是總會有人坐到椅子，有人坐不到椅子。一切都是根據弱肉強食的氣勢之戰而定。

婆家的餐桌是四人座餐桌。公公、婆婆、老公、小姑一家四口使用的時候完全沒有任何問題，接著開始加入媳婦和女婿的碗筷在這張餐桌上。人口增加為三個男人、三個女人，四人座餐桌變得越來越擁擠。大家一起圍坐在雅緻的餐桌上吃飯時，就會發生非出於本意的肘擊。

為了吃飯的和平，婆家在客廳會另外再擺一張矮方桌。外出用餐回來想簡單喝個茶的時候，大家覺得每次都要把矮方桌拿出來很麻煩，因此經常將四人座餐桌當成茶几來用，大風吹遊戲也就是從那個時候開始的。四人座的餐桌，椅子當然也只有四張。家裡有六個人，但椅子只有四張，肯定會有人沒得坐。雖然很遺憾，但輸家總是註定好的。就是默默端著咖啡走向沙發的公公，以及自動拿出板凳然後可憐兮兮將身體擠進餐桌的老公。善良且脆弱的兩個男人，早就明白沒有必要留戀於這場毫無勝算的遊戲，於是自願成為遊戲的輸家。

根據我長時間以旁觀者的視角仔細觀察這家人，他們之間存在著看不見的排行。首先，一眼就能看出婆婆比公公強勢，她在家裡說話最有份量，並且擁有所有事情的決策權。因此，一開始我認定王冠的主人就是婆婆。

然而，仔細一看，事實並不是這樣。還有一個人坐在婆婆的頭上，默默躲在後面控制一切，一天到晚耍賴也能獲得寬恕，那人正是小姑。

我本能的掌握到我要擠進去的位子在哪裡。我必須擠進既得利益階級的兩個女人之間。可以的話，最好還要佔據其中的優勢地位。為了達到這個目的（？），在這場看不見卻異常激烈的女人們的氣勢之戰中，我絕對不能輸。

小姑結婚前的某一天，深受岳母喜愛的準女婿來拜訪婆家。人來時，全家人只穿著襪子就跑了出去。尤其是婆婆，她光著腳就跑去開門的誇張反應，令人懷疑是不是婆婆遺失很久的包裹，被準女婿給找了回來。

但準女婿的手上並沒有包裹，不過卻提滿了準親家公送的禮物。從水果籃、肉到準親家公親手製作的高級菜餚，是非常豐盛的伴手禮。婆婆一個一個打開來看，每打開一個，就做出強烈的反應。那反應就算花錢，想學也學不到。

「天啊，天啊，親家公怎麼送了這麼多東西啊！果然還是我們親家最好了，超讚！你等等啊，我打個電話，跟他說我們已經收到了。」

在這麼棒的禮物面前，所有人都露出激動的表情，除了一個人——蛇蠍心腸的媳婦。我因為婆婆的喜悅及歡樂感到傷心。因為至今為止，我家送過米、水果，還有我媽親手製作的泡菜，但是她收到從我家送來禮物時的反應，和這個反應的溫度完全不一樣。

「剛好泡菜要吃完了，太好了。幫我和親家母說聲謝謝，叫她有空過來吃飯，我要好好招待她。」

然後就沒了。傳訊息、打電話都沒有。雖然嘴巴上說請吃飯說了十二次以上，但是親家之間卻從來沒有真的見過面。然而，對待女婿卻不一樣。婆婆立刻打電話給準親家，表達謝意。

媳婦帶來的東西，是應當獻給婆家的朝貢；女婿帶來的東西，則是親家賞賜的禮物。

常常聽到人家說，婆家對待媳婦和女婿的態度大不相同，這我還料想得到，但是竟然連對待親家的態度都有所差異，不知為何我就是笑不出來。這場贈禮儀式結束之後，大家暫時坐在一起喝茶，婆婆提著為準女婿準備的禮物走了過來。我偷偷瞄了一眼購物袋上的商標，看起來非比尋常。難道那是所有男人都夢寐以求的那個「勞力士」手錶嗎？

婆婆把準女婿寫的型號遞給店員看，然後爽快的說：「我要結帳」，聲音非常響亮。之前送給媳婦的包包，是在合理的價格內，親自挑選兼具實用和美觀的商品。看來她非常懶得挑選女婿的手錶呢！我再次因為婆婆的體貼而深受感動，並重新思索「果然疼愛媳婦的還是婆婆」③這句話。

「應該要給我們家女婿更好的東西才對，但是兒子娶媳婦的時候，全部都給媳婦了，所以沒有辦法多給你什麼，真的是抱歉到不知道該怎麼辦才好了。」

婆婆，唷吼，我在這裡喔！除了我之外，您還有其他媳婦嗎？我收到的東西就只有那一個特價包而已，您說的話實在讓我很困惑啊！

搬聘禮箱進來時，老公帶來一套給媽媽的化妝品禮盒，說是婆婆出錢買的，還催促我還錢，結婚之後就從我的薪水帳戶轉帳給她的記憶都還歷歷在目。難道她為我準備了什麼東西，但是一時之間忘記了，所以到現在還沒給我嗎？

「婆婆，別人聽了還以為您真的給了我很多東西呢！呵呵呵……」

---

③ 韓國有句俗話是「公公疼媳婦，丈母娘疼女婿」，作者故意反諷，說成婆婆疼媳婦。

我以令人討厭的笑聲回敬了婆婆的話。雖然我不是不知道她內心是想在準女婿面前展現大方的樣子，但是我也沒有心情成為犧牲品。由於我是邊笑邊說，因此大家也跟著笑了起來。他們嘻嘻哈哈的笑著，就像那些只要脫口秀表演者一笑，不問青紅皂白就跟著笑的觀眾一樣。託他們的福，整個家充滿豪爽的笑聲，簡直跟家庭溫馨劇一樣。

準妹夫還帶了為小姑準備的珠寶首飾來。鑽石項鍊、耳環、戒指套組閃亮得讓人無法直視。婆婆一邊說太適合我女兒了，一邊海狗式拍手；老公也說看起來很貴，並且不斷發出驚嘆。

我也想開口展現驚訝反應，但不知為何就是開不了口。我現在能充分理解被金錢所迷惑的人的心情了。充滿貪欲的我，就只是在羨慕小姑的鑽石套組而已。

「真是漂亮啊！」

為了讓小姑獲得滿足，我應該將副詞、形容詞適當混合在一起，說出五百字以上的感嘆文才對，結果我只吐出了五個字。雖然我從她的眼神中讀到了「姐姐，趕快再多說一點呀」的期待，但是我卻只能露出尷尬的微笑。小姑對沒有稱頌她鑽石的嫂嫂感到失望。

「嫂嫂結婚的時候，收到了什麼鑽石呢？」

小姑出了一拳過來。她明明就知道我結婚時省略了結婚禮物，還一臉「我什麼都不知道」的樣子，眨著世界上最天真的雙眼問我。是啊，沒有比揭他人短處更容易讓自己得到優越感的方法了。

我盡可能用平淡的表情及語氣說：「我什麼都沒收到。」

小姑就像戲劇演員一樣，瞬間改變表情。她改用「世界上竟然還有如此不幸、可憐的女人啊」的表情注視著我。

如果她是我妹妹的話，我的拳頭早在我說話之前就先飛過去了，她應該對我們沒有血緣關係的這件事心存感激。

「唉唷，媳婦，妳在說什麼啊？妳現在戴的這條項鍊，就是鑽石啊！多適合妳啊。剛剛好，剛剛好！」

埋藏在我那深到不能再深的鎖骨中的那個東西，是老公求婚時送我的項鍊。是啊，當初我收到這個東西時，還哭得淚流滿面呢！

至今為止我都以為是老公省吃儉用存錢買來送我的，所以每次看到時，都覺得有點感動想哭，看來婆婆也持有這條項鍊的股份啊！

婆婆在小姑的一克拉鑽石套組面前，強調我的十分鑽石項鍊，叫媳婦不要氣餒。而且，她竟然還說小姑非常適合一克拉，媳婦則是適合十分，我情緒亢奮到好像馬上就可以把項鍊咬碎吃掉了呢！

「這是鑽石嗎？因為太小了，所以我不知道。」

哎呀，因為太興奮，不小心就說出我的心聲了。坦誠是愉快的對話應有的基礎，對方這麼直率的表現出她的內心，只有我隱藏及逃避的話，實在是太不禮貌了。我應該要做出跟對方一樣直率的回應才行。

你來我往、你丟我捧、你擋我閃，這不就是對話的技巧嗎？從這點來看，我們這三個女人的對話節奏還真是合拍呢！啊，今天也是和平的婆家世界。

全力支持老公獨立

老公是個有很多優點的人：對喜歡的事情有高度的專注力；喜歡運動；穿衣服也非常有品味，宛如時尚達人；皮膚乾淨清透的程度不輸給宋仲基。交往的四年期間，每當我進入他視野的瞬間，他就會一邊露出燦爛微笑一邊對我揮手，從來沒有一次不是。他是個對任何人都親切有禮貌的人，對一般的事情也不太會動怒，他的正能量真的很棒。

這些全都是情人眼裡出西施、神的惡作劇，還是殘酷的命運呢？原來當時的我，具有非常偏斜及狹隘的視角。

從情侶變成夫妻，關係變得不一樣了，於是如同奇蹟一般，老公的優點全部

都變成缺點了！當他還是男朋友時，我忙著向人們炫耀的各種面貌，套用在老公身上之後，竟成了引發憤怒的行為。

每當他發揮與眾不同的專注力看著電視時，即使老婆在廁所將吃進去的東西全都吐出來、在陽台上跌個狗吃屎後用膝蓋爬著回來，他也完全不會察覺。喜歡運動的萬能男人要參加棒球同好會、網球培訓，還要去健身，由於他涉獵廣泛，想見他一面都非常困難。在維持時尚達人的品味上，支出了龐大的費用，為了保養媲美宋仲基的皮膚，使用的化妝品數量整個化妝台都讓給他用還不夠。不管老婆的內心是否燃起熊熊怒火，他都會摸著後頸，用世界上最天真無邪的臉龐露出微笑。

以上這些事還可以因他撒嬌而饒過他，但結婚之後才發現老公的致命缺點是，他是個過於親切有禮貌的人。不僅是對我，他對世界上七十億的人都是那樣。無論是隔壁阿姨、對面生魚片店的老闆，還是炸雞外送員，他都是彬彬有禮且和藹可親的對待。我並不會因此而嫉妒或困擾，但當婆婆的超乖巧兒子，才是問題所在。

不久之前，老公拜託我幫他列印幾份需要的文件。其中也包括了銀行的相關文件，因此他給了我他銀行的帳號密碼。在此之前，我們夫妻倆從來沒有確認過彼此存款。雖然可以想成是，如果連一般的信任都沒有會讓人活得很辛苦，但其實就只是因為懶惰和覺得麻煩而已。

夫妻之間也是有商業道德的，因此即使手上握有帳號密碼，我也沒有做出背著老公偷偷翻閱帳戶明細的行為。比起信任，主要還是因為覺得麻煩。但是我那多餘的好頭腦，一次就把密碼背起來了。於是它便成為了日後打開潘朵拉之盒的鑰匙。

某一個週末的早晨，吃完早餐之後，我一邊喝咖啡一邊和老公聊天。公婆從不久前開始要求，要我們夫妻給零用錢，而且常常提起這件事，所以我覺得有必要跟先生討論一下。如果要給公婆零用錢，該給多少？那是不是也應該要給我娘家一樣的金額？這樣一來，必須要減少多少生活開銷才行等等。即使只靠吃空氣過活，一個月也要不少開銷，一想到還要再增加支出，就覺得有點擔憂。

「兩家父母都還在工作，有必要給這麼多零用錢嗎？我們的經濟狀況也不是那麼寬裕。」

「我也跟媽媽說過有困難。但她一直提，好像也很難不給。」

收入是固定的，但是支出卻要增加，因此我們必須減少不必要的花費。我花很多錢在麵包店，老公則是花很多錢在喝酒的聚會上。遠離麵包和酒是我們夫妻倆接下來的任務。竟然要麵包控少吃麵包，我實在痛苦極了，那可是造就我肥肚腩的最大功臣，亦是枯燥生活中的小小奢侈耶！儘管我很想說，少吃幾個麵包是能變得多有錢，但也只能以擺脫貧窮的堅強意志來安慰自己。我含著眼淚下定決心要減少買麵包的錢。

老公也因為想到要減少喝酒的花費而深深嘆了一口氣。由於喝酒的錢大部分都是一個人結帳之後再平分費用，所以我很自然的就確認起帳戶明細，我從老公的手機打開網路銀行，然後輸入密碼。匯款交易明細中，常常出現的是老公公司的同事，例如：金經理、崔經理等人的名字。我一手按著計算機，一手在陌生人的名字與名字之間移動，然後手指突然停留在一個熟悉的名字上面，是婆婆的名字。

「這是什麼？」

老公本來還在筆記本上隨意塗鴉，瞄了手機一眼之後，眼珠突然劇烈晃動。他反問我是怎麼打開網路銀行的，但是這似乎不適合作為他的回答。他滿臉通紅的樣子，散發出可疑的氣息。我開始查詢過往的帳戶明細，這個熟悉的名字每個月都會出現一次。這個月、上個月、上上個月都是如此。從結婚到現在，老公每個月都乖乖匯錢給婆婆。

「媽媽跟我要零用錢，我不可能不給吧……怕妳知道後會說不要給，所以我才偷偷給她。」

是啊，沒關係，別這樣嘛，打開肩膀、挺起胸膛，讓我爽快的往你胸口捶下去吧！老公因為考慮到我的心情，所以每個月私下給婆婆非公開的零用錢。婆婆也欣然的接受了那些錢，如今可能是嫌那些錢不夠用，因此又要追加。然而這一切只有我被蒙在鼓裡。

這種感覺應該就是「背叛」吧！電影中常常聽到的台詞：「背叛的代價就只有死路一條」從我的腦中掠過。不是我誇張，信任破滅的瞬間，什麼東西都看不見了。怒氣衝天的我失去了理性，變得張牙舞爪，老公冷汗直冒努力使我冷靜下來，發了一陣子脾氣之後，我衝出家門。

氣呼呼的走出社區時，看見了停在停車場的老公的車。情緒調節失敗的我，忍不住狂踢一點罪也沒有的車子，結果不僅保險桿變形，還留下了腳印。我知道這麼做一點好處也沒有，既不能讓我消氣，也不能讓老公反省。我走到公車站，隨便搭上一台公車，我沒有要去的地方，也沒有要見的人。就這樣轉搭了一整天的公車，漫無目的到處亂晃，直到太陽下山才回家。

老公一邊扮演罪人，一邊觀察我的臉色。

「對不起，是我做錯了。我給了媽媽多少，就給丈母娘多少，這樣行了吧？」

看來我得再去一趟停車場了，這次我要把車子的擋風玻璃給砸碎。他竟然認為現在只要把至今為止給婆家的零用錢也拿給我娘家就好，還真是創新的解決問題法，我對他簡單的思考方式表示尊敬。

他還不知道我為什麼而生氣。我並不是氣他給婆婆零用錢，而是老公、婆婆都沒有告訴我這件事，這就是背叛。竟然從結婚之後，就一直隱瞞我到現在。

「你到現在都還不懂結婚是什麼，婆婆也根本還沒準備好讓你結婚！」

結婚之後，老公和我就坐在同一條船上了。決定這條船的前進方向、速度和目的地，都是專屬於坐在這條船上的我們兩個人的事。老公忽略了這一個事實，不能因為是父母，就隨意轉動船舵。「如果船夫太多，船就會往山上開」，老公和我坐的船已經超載了。結婚的同時就要離開父母的懷抱，然而老公卻依舊將身為兒子的責任感擺在第一順位，公婆也不認可兒子的獨立。我想要的是老公，而不是只是某人的兒子，這是明顯的產品瑕疵，急需免費的售後服務或退貨。

雖然這件事讓我們夫妻大吵了一架，但是老公也以此為契機，展開了獨立運動。為了讓我們家不再動搖、為了家庭的自立扛起責任，我們約好此後不再給予非公開的零用錢，婆家和娘家都給一樣的金額，並且將過程公開透明化。

面對婆家的要求一律先回答「好」的事情也必須消除。原封不動的將婆婆無限的期望和願望傳達給我之前，要依自己的底線拒絕。如果需要討論，就一起協調意見，找出合適的答案。

當然，老公也因此變得更加疲累，因為聽婆婆碎念的次數一下子暴增。三十多年來聽話的兒子逐漸產生變化，讓公婆內心覺得難受，我也不是不能理解他們的心情，但是獨立之路本來就是艱險和辛苦的，而且也沒有任何可以避開的方法，只能默默堅定的走下去。

我全心全意支持老公獨立。

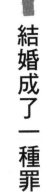

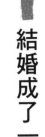

結婚成了一種罪

新女性福音第三章第十七節提到：

「早晨的開始必須伴隨著咖啡。」

在兩杯濃縮咖啡中加入八十九度一百毫升的熱水，相信這一杯美式咖啡力量的人，一定會從貪睡中清醒過來，並且立刻變得精神抖擻，然後就能從比濃縮咖啡更苦澀的世界中得到救贖！

在電影或電視劇中，女性上班族的手上總是拿著一杯外帶咖啡。早上上班路上一杯、中午吃完飯後一杯，甚至連晚上加班也要來一杯。只喝零卡路里美式咖啡的她們，全都穿著 H-line 鉛筆裙，炫耀著纖細的腰。原來必須像那樣只喝咖啡不吃飯，才能穿得了H-line鉛筆裙啊！原來如此！我之所以穿不了H-line鉛筆裙，是因為我呼嚕嚕吞下的不是咖啡，而是白飯。

我的胃是個只要遇到咖啡因，就會開心得直噴胃酸的虛弱傢伙，所以我一天只能喝一杯咖啡。一天假如喝超過一杯的量，從那一刻起，它就再也不是咖啡，而是毒藥。特別是萬一空腹喝的話，臉色會瞬間蒼白，接著就只能抱著肚子打滾，模樣令人慘不忍睹。

因此，早晨咖啡當然是被我略過。但是，我還是需要可以使人從貪睡中清醒過來的刺激物。這個東西不是別的，正是「今日運勢」。

千萬不要誤會。我不是那種迷信薩滿、圖騰、泛靈等巫俗信仰及八字的人，就只是當作一種樂趣，快速的看一下免費的運勢資訊，藉此安定那一天的心情而已。現代的世界變得越來越進步，每天早上八點算命APP都會傳送今日運勢到手機裡。雖然看了幾天之後，發現好像是一樣的內容被重複使用，所以變得不像一開始那樣興致勃勃，但我還是留著而沒將它刪除，原因是：

「逆媳大大，一九八六年虎年九月五日出生，有菁英意識。」

年初在看新年運勢時，這個算命ＡＰＰ指出了我的菁英意識。那瞬間我一度懷疑是不是自己的眼睛看錯了。我聽人家說過八字裡有驛馬煞、桃花煞等各式各樣的煞，但是有菁英意識的說法，還是我有生以來第一次看到，這一句話把我推入算命ＡＰＰ的坑裡。

坦白說，我真的有菁英意識。它說我自我感覺良好，動不動就無視別人。連我媽都不知道的我的內心，它竟然會知道！這才是將ＩＴ技術與先人智慧融合在一起的二十一世紀最高科技啊！

我患有明明沒什麼了不起，卻自以為非常了不起的不治之症。我既不是名牌大學出身，外貌也不特別出眾，更不是擁有好工作或年薪百萬的人，卻莫名其妙的過著自以為是的生活。很慶幸我在嚴格的父親及溫柔的母親的陪伴之下，正常的接受家庭教育及成長，才可以在別人面前維持正常的樣子。

然而，我卻常常在心裡小看別人，認為「我比他好多了」、「為什麼那個人只能做到這樣」。

我沉醉在驕傲自滿之中，就連決定結婚的時候，也是一點猶豫也沒有。女人結婚就是吃虧、已經結婚的女人在公司裡不受歡迎、很難換工作、一旦生了小孩履歷就中斷了……即使聽了這些話，我也完全不在意。我總是將句子裡所說的「女人」當作「其他女人」，我覺得這是別人的事。

雖然我表面上點點頭裝作十分認同，但心裡卻認為「這才不是像我這種有能力的女性上班族會遭遇的事情」並對此嗤之以鼻。

然而，前幾天，我卻因為這樣的自以為是而扎扎實實的挨了一拳。

那天我久違的約了曾經在同一家公司上班的前輩們見面，關心詢問彼此的近況，嘰嘰喳喳的聊著各種生活瑣事。

「今天A為什麼沒來？她最近在做什麼？」

「聽說A還在找工作，似乎很難重新就業。」

A是結婚之後就和在國外留學的老公前往歐洲的女前輩，當然也因此從公司離職了。兩年後，她老公完成學業並回國就業，前輩也跟著回來了。前輩不僅工作表現出色、個性好，外貌也很出眾，是讓我很尊敬的人，聽到她還沒找到工作的消息，讓我有點驚訝。

「A前輩明明工作表現那麼出色，為什麼還沒辦法重新就業啊？」

「因為她正值適孕期啊！」

A前輩夫妻倆還沒有小孩，要不要生都還不知道，但公司不雇用工作能幹的前輩的理由，竟然是因為前輩有可能會生小孩，這話聽起來有點荒謬。我裝作很有同感的樣子說：「前輩一定很傷心。」而接下來出現的故事，對我來說甚至超越了衝擊，直逼恐怖的境界。

「女人真可憐，即使有實力，也會因為結婚生子而失去工作機會。」

「就是說啊！我離職的時候，有一個認識的後輩聯絡過我，他問我說『前輩你之前帶的人，我可以挖走嗎？』，我說：『嗯，可以啊！不過，她十二月要結婚囉』然後對方就沒說話了。」

失敗了……表情管理失敗了！我是十二月結婚的。前輩口中說的「十二月要結婚的人」就是我。所以說，其他公司本來想要挖角我，但是因為我要結婚了，所以馬上就被判出局。這是我最近聽到的故事中，最讓我感到震驚的事。

僅僅因為要結婚就失去了工作機會。履歷中斷的女性，因為結婚和照顧小孩而回不了職場，我以為這些都是別人的事。講得更白一點，我以為這只是那些沒能力的平庸女人的故事。

我啊，三十幾年來都活在自我感覺良好的世界中的我啊，從來沒有想過我會僅僅因為成為「已婚女性」而被排擠。但我也怨不得別人，因為沒有人逼我結婚。站在公司的立場來看，他們不想要一兩年內可能會請育嬰假的員工，這我也可以理解。當初是我先說要結婚的，所以我也不可能抓著老公的衣領質問他，我也沒有跑去總統府進行一人示威及大喊：「抗議拒絕已婚女性公司」的勇氣。

在只有女人會感到結婚變成一種罪的世界中生活，令人感到胃痛。一種將咖啡裝進大湯鍋裡，煮滾後再用臉盆猛倒進我胃裡的感覺，我內心的菁英自我意識就像喝了毒藥一樣，吐血倒地，絲毫沒有可以抵擋的能力。

所以說啊，女人的生活實在是太艱辛了。

呃……
我的工作啊……

女人、男人以及有夫之婦

過去我所知的是，世界上有兩種性別：女性及男性。然而，最近我發覺了新的事實，世界上有三種性別：女人、男人，以及有夫之婦。我結婚之後，以新的個體重生了，身分證也換了。

我再次回想起在結婚申請書上蓋印章的瞬間，也就是從法律上正式成為「有夫之婦」的瞬間，胸口砰砰跳、蓋印章的手微微顫抖、內心激動得哽咽想哭……這類戲劇化的情緒，我都沒有。就像辦理什麼證明書或不動產登記簿謄本一樣，有種辦完一件由政府單位承辦的麻煩事項之後的爽快感，然後就沒了。

根本就沒有因為成為政府認證的有夫之婦，而發生手掌突然噴出蜘蛛絲，或是兩顆腎臟分裂成四顆，或是白髮生長能力變快等身體變化。

成為有夫之婦的前與後，我一點也不覺得有什麼不同。然而，人們對我的態度卻是大不相同。

尤其是在社會上遇到的男人更是如此。男人開始把我當成不是男人也不是女人的「有夫之婦」來對待。結婚之前小心翼翼說出口的話，現在則是毫無顧忌的吐露出來。唉，真是有夠失禮。

和上了年紀的部長一起搭車時，他向我透漏公司內搞不倫關係的情侶。這種不光彩的醜事，不需要跟我描述得那麼詳細吧！他卻因為興致大開而全部講出來。由於他將色情小說裡會出現的描述，毫無保留的說出來，害我的臉莫名其妙的發紅。

最後還加上一句：「現在妳也已經結婚了，我們就可以一起談論這種事情了。」看來有夫之婦就是一種「不管妳想還是不想，都得聽別人十八禁故事」的存在。

中午吃飯時，一起吃泡菜鍋的男同事夾起煎蛋捲，然後問我說：「妳常常和老公上床嗎？」接著還親切的提供多餘的資訊，說他自己和女友已經超過好幾個月沒做了。其他同事指責他幹麼要問這種事情，他回答：「她都已經是人妻了，這有什麼關係？」有夫之婦就是這樣，說不定還得要若無其事的接受，早上的問候語不是「早安」，而是「昨天的床事如何」之類的話。

其他部門的男經理坐在咖啡廳裡，一邊喝咖啡一邊炫耀自己的精子數。他說：「我在醫院做了檢查，據說我的精蟲有二億三千萬隻欸。」接著悄悄的詢問我老公的精子數。果然最後他也加上一句：「因為妳是有夫之婦，所以才問問看的。」有夫之婦的生活真是了不起，因為有夫之婦多了一項能力，就是可以了解坐在對面的男人的精子數，即使妳根本完全都不想知道。

不久之前我換了新工作。第一天上班時，我在辦公室裡跟所有同事打招呼，我發現公司裡絕大多數是男性。而且，聽說同事之中只有我是已婚人士，

我會

打爛你的牙齒

再幫你立墓

他們算是第一次遇到有老公的同事。儘管如此，他們也沒有以神奇的眼光看著我，也沒有對我保持距離。

然而，最近公司聚餐時，我感受到了很奇妙的不愉快。大家吃完飯從烤肉店走出來，年紀大的前輩爽快的掏出厚厚的現金，叫我們拿去當續攤的聚餐費，然後就如風一般的離開了。這做法就是這個時代所期望的真正的領導者啊！我以虔敬的心注視著他的背影許久。

與此同時，收下聚餐費的同事們開始搜尋下一個續攤地點，最後大家決定去一家位於梨泰院④的熱門酒吧。哇嗚，我多久沒到那裡去了啊？結婚前到梨泰院像是進出自己家附近的巷弄一樣。全景圖在我腦海中瞬間攤開，不管霧霾的災禍如何，那裡的空氣應該還是像以前一樣乾淨清爽吧？

就在我掩蓋不住激動的內心，整個人興奮不已的時候，同事們走進附近的一

---

④ 位於韓國首爾，是著名的商圈，也是首爾市最具異國風情的地方，以餐飲和夜生活聞名。

家咖啡廳，說要先討論一下怎麼到梨泰院去。

我開心的跟著走進去，同事叫我點一杯飲料來喝，但我只想把肚子裝滿純淨的酒精，於是鄭重拒絕了。但是他卻不斷的勸說：「不要這樣嘛，點一杯來喝嘛！」於是我只好心不甘情不願的點了一杯檸檬汁，兩位女同事也各點了一杯茶。同事結帳時，我找了咖啡廳角落的座位坐下傳訊息給老公：

「今天要去酒吧玩，可能會晚點回去喔！」

過了一會兒，端過來的飲料總共就只有三杯。這麼多同事的飲料都跑到哪裡去了呢？我以為那些男同事是去外面抽菸，想不到全都沒有回來，我們三個女人孤零零的被留在咖啡廳。想了半天，我們才搞清楚狀況，原來他們撇下我們，自己跑去酒吧了！

除了我以外，那兩位女前輩都不喝酒，而且她們也不想去，但是我不一樣。我的心已經在梨泰院的酒吧中，隨著節奏跳動了。星期五晚上九點，我竟然在公司附近的咖啡廳喝著檸檬汁，真是爛透了。

到了星期一，我一看到同事的臉，連早安都沒說，就直接問他們為什麼放我鴿子？他一臉意想不到的樣子，似乎以為自己那樣做會受到稱讚，沒想到卻受到責罵，感到相當驚慌。

「我們是特別替妳著想欸……因為妳是已婚的女人。」

表面上是替我著想，但實際上就是排擠，我連選擇權都沒有。不管我的意見，就將我留在咖啡廳。因為梨泰院的酒吧只有男人、女人才可以入場，有夫之婦不可以入場！

只不過是結婚了，被無禮對待的時候就急遽上升。裝上「媳婦」的角色時，在婆家受到的差別待遇是基本配備，以「有夫之婦」的角色在社會上感受到的不愉快則是選配。這些事有時候會包裝成體貼、保護、親情之類的東西，但仔細觀察，其實就是對方不禮貌的行為罷了。

我偶爾會將我在婆家的感受告訴老公。老公經常會說：「他們確實是做錯了」，接著一定會再加上一句：「但他們也不是故意的。」他們不是故意欺負我、刁難我、傷害我，這種事我不是不知道。然而，不能因為不是有意的，所以無禮就應該被容忍。已經產生的傷疤更不可能會因此消失。這既不能成為安慰人的理由，也不能成為藉口。

難道要我對著許久不見的臉問候說：「哎呀，好久不見，二億三千萬隻精子過得好嗎？」他才能理解我的心情嗎？難道要我跟客戶見面的時候說：「這位是我們公司業務部的金經理，精蟲數是二億三千萬隻喔！」他才會明白什麼是失禮嗎？如果是這樣的話，實在會讓我這個有教養的現代人很苦惱啊！難道就不能過著對彼此都不失禮的生活嗎？

我們是一家人？

灑滿陽光的午後，透過藍牙音響流淌出來的音樂充斥在客廳裡。簡單製作的橄欖油義大利麵搭配清涼的氣泡水，在愛爾蘭餐桌上享受遲來的午餐。用完餐之後，坐在擺放在陽台的戶外餐桌椅上，以一杯咖啡作為結尾。從門縫中鑽進來的涼爽微風挾著咖啡香氣在屋裡打轉，沒多久又悄然離去。太陽逐漸西下的時候，和老公手牽著手在大樓前的公園散步，帶著季節香氣的夜晚空氣搔著鼻尖，我們坐在長椅上，親密的交談著。

我覺得這是極其平凡的日常，我深信結婚後自己會過著這樣的生活，這正是媒體文化的弊端。電影或電視劇裡出現的新婚生活，就只是夢想的場景而已，要想實現這樣的場景，有太多必須要克服的難關。

首先，我家並沒有我幻想的愛爾蘭餐桌。而且廚房太窄，窄到我無法在做菜時打開冰箱門，但我為此感到自豪，因為如果我稍微再胖一點，可能就卡在那而不得不求救了，所以為了生存，我總是很勤勞的去運動。

還不只這樣，只要打開陽台的窗戶，刺鼻的氣味就會佔據整間屋子。各種噪音則是額外贈品，大樓前面應該要有的，可以散步的公園，則是一條時速超過八十公里的砂石車和水泥車奔馳的六線道道路。

如同大多數的新婚夫婦一樣，我們也開始了不想要的一無所有的生活。昨天的我沒有太多存款，明天的我也沒有賺很多錢，所以不可能奮不顧身的去貸款。高傲的首都拒絕了我們夫妻倆，不動產仲介公司因為我們微薄的預算而忍不住笑了出來。「貧窮的新婚夫婦，竟敢妄想住在這裡，快點滾到外圍去吧！」我彷彿聽到了他們的內心獨白，因此覺得很尷尬。

一定會有某個地方是願意接納我們的溫暖居所，我們夫妻倆不放棄希望，離開大都市並往南行，為尋找遙遙無期的房子展開旅程。經過一番努力奔走，我們終於幸運的在都市最外圍的一隅找到了婚後的新居。

它是個奇蹟。多虧它右邊是精神科醫院，左邊是水泥工廠的優良環境，我們才能用微薄的薪資，租下二十四坪的公寓大樓。從我們可負擔的租金來看，想住在市中心是想都不敢想、做夢也夢不到的事情。這裡對我們來說，是無需羨慕依山傍水，風水寶地中的風水寶地。

「太太，雖然位置有點偏僻，但是以這個價格來看，妳絕對找不到像這樣的大樓住宅。」

房仲阿姨帶著專家的豐富見識，針對這間大樓住宅到底有多超值，進行了詳細的說明。我們夫妻倆像是中邪似的，當場就簽下了契約，內心激動得睡不著覺。就這樣我們入住了新婚後的第一個家，這件事給了我很大的啟示。

就是，這世界上根本沒有所謂的「超值」價。無論什麼東西，都是一分錢一分貨。婚後的新居位於頂層，加上又是邊間，因此到了冬天可以體驗嚴寒，到了夏天可以體驗酷熱。風總是能從緊閉的窗戶透進來，睡覺時不管暖氣開得多強，早上起床照鏡子，鼻頭永遠都變得紅紅的。和黴菌展開既慘烈又殘酷的戰爭是日常的例行之事，我得了這輩子從未得過的嚴重皮膚炎，還因此為社區皮膚科的無限繁榮做出相當大的貢獻。

如果身邊有一起經歷痛苦的人，說不定還會得到一些安慰。然而，家裡的殘缺髒亂只有我一個人在承擔。蜜月旅行回來不到一個月，老公突然收到派駐國外的命令，然後就出發了。我一個人被孤零零的留下來，在這個一個人都不認識的偏僻社區，開啟意料之外的獨居生活。

由於我不曾一個人生活，所以對獨居抱有浪漫的幻想，但是現實並沒有想像中那麼簡單。每到深夜，即使是很小的聲音，我也會被驚醒。因為覺得要煮一人份的飯菜很麻煩，所以常常用即食食品來填飽肚子。最後，我決定結束獨居生活，回去娘家住。

「妳要回娘家住？那房子誰來管理？」

婆婆對於我要回娘家住的決定相當不以為然。她顯然是太喜歡我了，以致於把我當成了看家的小狗。從敏感的經濟觀點來看，比起擔心在陌生社區裡獨自生活的媳婦，當然是先擔心新買的冰箱、洗衣機、電視。

「媽，您就把它當作別墅，偶爾過來玩啊！」

認真工作的您，快到充滿水泥氣味和黴菌的別墅來吧！婆婆似乎已經體會到離開家裡會很辛苦，搖搖手，極力謝絕我的邀請，但同時繼續說著：「房子不能空太久」、「家電不常使用的話，很快就會壞掉」等問題死纏著我不放。反覆進行了好幾次無意義的意見協調之後，終於雙方達成協議，一個月要有一半的時間住娘家，另一半的時間住新家。

婆家人來祝賀我們喬遷新居是在我們結婚後的三百八十五天之後，過了一年又二十天，才移動尊貴的腳步前來。老公在國外生活的那段期間，這間房子根本就「沒被放在眼裡」。沒有兒子的婚後新居，就只是媳婦的獨居套房而已，他們對婚後新居變得有興趣，是老公回國的那時候才開始的。

「媳婦，準備妳公公喜歡的燉牛排如何？有了這一道菜，就不用準備其他配菜了，多棒啊！」

「媽，抱歉，我不會做燉牛排骨，而且家裡的碗筷只有兩副，我們就去外面用餐，吃完再到家裡喝茶吧！」

已婚的前輩們跟我說，準備婚後生活的物品時，絕對不要買碗盤套組。她們的理由是，因為我們對碗盤的喜好會有所改變，一開始就買很多的話，很快就會後悔。照她們的建議，所以我只準備了目前需要的最小量的碗盤和匙筷，原本打算之後再慢慢增加，但是後來老公也不在家，所以感覺不到必要性。因此，我們家的餐具數量一直停留在獨居套房的水準，兩人以上的人數要在家用餐是不可能的。從各方面來看，這都是明智的選擇。於是我帶著家人到有名的燉牛排骨餐廳吃飯，餐廳的燉牛排骨比我做的還要好吃千萬倍。

吃完飯後，喬遷宴正式開始。我比家人們早一步回到家裡，煮泡咖啡的熱水、準備水果，沒多久婆家人便吵吵鬧鬧的進門了。因為家裡很簡樸，所以很快就參觀完了，緊接著是甜點時間。聊聊天，看看電視，一下子就過了好幾個小時。公婆說要趕在塞車之前回去，便站起身來。

我從剛才就覺得好像少了些什麼，心裡總覺得不對勁，突然間想到，原來是沒有半個捲筒衛生紙的空手喬遷宴啊！不可能啊？不可能吧！我公婆是絕對不會空手去別人家拜訪的啊！

獨守空房的新婚初期，我每個月都要獨自去婆家一次。老公因為簽證的問題，一個月會回國三天左右，他回來時，到婆家請安問候就是必備的行程。由於每個月都要去，而且吃飯時也是由我們招待，因此過去時，我沒有特別準備大包小包的伴手禮。當然特別的日子，像節日或生日之類的，會準備零用錢和禮物，但是一般的日子就不會特別準備什麼東西。

那天我也是兩手空空，只帶著心意過去了。吃飯吃到一半，老公離開去上廁所時，婆婆悄悄的丟了一句話給我：

「媳婦啊，回來家裡，不可以空著手來喔！並不是要妳買什麼昂貴的禮物來，就算只買幾個水果都好，這樣才有禮貌。」

我的臉漲得通紅，一方面是為自己的思慮不周感到羞愧，另一方面是怪罪自己以為是經常見面的家人，所以不需要，而忽略了。由於小學之後就沒有去別人家拜訪的記憶，所以一時之間忘了「空手拜訪」是很沒有禮貌的事情。

老公從廁所回來，看到我滿臉通紅，露出了驚訝的表情。他問我怎麼了，我只捏了一下他的大腿。婆婆一副什麼事都沒有的樣子，叫老公趕快多吃點飯。

我反省的時間很快就結束了，冷靜的思考之後，我發現為什麼婆婆得在老公不在場的時候跟我這麼說，這讓我產生了反抗心。因為過去當我提議說：「買點東西過去」時，每次都搖搖手說不用的是老公，然而受到責罵的總是我。

回家的路上，我板著一張臉，完全不想跟老公說話。無論是稱讚還是責罵，都必須要公平不是嗎？否則，只受到疼愛的人，絕對無法理解被討厭的人的屈辱。

從那天起，去婆家拜訪時，「兩手提著大包小包的伴手禮」就像公式般被固定下來。雖然不知內情的老公每次都說不買也沒關係，淨說著一些不懂事的話。

「姐姐，不好意思，我們忘記買喬遷宴的禮物來了。」

「沒關係，下次來的時候再買來就好。」

小姑可能是看出我驚慌的表情，她一邊說一邊露出尷尬的微笑。我認為他們不會只有今天來，所以決定再約下一次。然而，小姑一提及喬遷宴禮物，婆婆就立刻變臉。

「天啊，妳因為沒有喬遷宴的禮物而感到可惜嗎？家人之間還需要準備那些東西嗎？過得好就好了，不是嗎？」

烹飪時，需要的東西是「萬用醬油」。

找藉口時，需要的東西是「萬用家人」。

情況對自己不利時、做出不合常理的行為時、想要耍賴時，請找「萬用家人」！

我被責罵說空手拜訪很沒禮貌，這件事是我在做夢嗎？只要加上「家人」，世界上任何事都可以耍賴？說是喬遷宴，卻連一個捲筒衛生紙都沒有，以「因為是家人」、「家人之間」作為名目，想將事情蒙混過去。結婚之後，我重新領悟到家人的偉大。總有一天我一定也會用到它，這個讓人內心爆氣的——萬用家人。

我兒子因為妳心情不好

天氣啊，儘管晴朗吧！即使星期天應該要出去玩，我還是只想在家睡覺。為了在下週重新開始努力奔跑，星期天必須補充體力，我想做的事情就只有大吃跟耍廢。這個時候，沒有比電視更好的東西了，只要有一支遙控器，就能坐在沙發上感受人生的喜怒哀樂。

上個星期天，我和老公並肩坐在電視前面，一邊看著電視劇中罹患癌症的父親，一邊流下眼淚，接著又一邊偷窺單身藝人的私生活，一邊咯咯笑著。到了睡覺時間想把電視關掉，卻本能的將視線移到一部紀錄片上，主題是「媳婦」。我思考著要看還是不看，我知道不看才是上策，但是因為瞬間的好奇心我轉動遙控器的手停了下來。然而，我卻連三十分鐘都看不下去。

「有病！」

內心的聲音沒經過大腦就咚的一聲跑了出來。老公瞪大雙眼，盯著罵出髒話的老婆。我那忠於本能輕浮的嘴令我感到尷尬，我趕緊關掉電視走到床上。

我躺在漆黑的房間裡靜靜的思考。我不自覺說出口的嘆息，是在對誰說呢？紀錄片裡自然的叫初次拜訪婆家的媳婦進廚房做事的婆婆嗎？還是站在旁邊想要成為乖媳婦，並笑得燦爛的媳婦呢？還是對此事袖手旁觀的丈夫？

不是！這不是對電視裡的某個人說的話，而是對夢想成為乖媳婦，那個時候的我說的。這是對著重疊在電視畫面上的那個時候的我，所說出的斥責。雖然現在的我好像變得很偏激，總是說要把公婆的愛拿去餵狗，但是我也並不是打從一開始就是這麼不受教的媳婦。

我也曾經有過那種時候，夢想著跟別人一樣，成為能和婆婆一起上街購物，如同女兒般的媳婦，我以為必須要這麼做。

結婚之前，公公因為車禍而住院，我還瞞著老公獨自跑去探病。為了想要多得到一些疼愛，扮演懂事乖巧的媳婦。當然，當時會這麼做，絕大部分是真心誠意的，即使沒人指使我去做，我也會去做。

既乖巧又深具孝心的媳婦，是從什麼時候開始發生轉變的呢？意識到我心意一點意義都沒有的那一天，大約是結婚後六個月左右的時候。那一週約好星期六要在婆家吃晚餐，偏偏星期五是一年一度的公司聚餐。可能有人會覺得：「聚餐就聚餐啊，那又怎麼樣？」但是因為公司馬上就要進行人事異動，所以我期盼這一天已經很久了。

在A部門工作的我想要調到B部門，但是我完全沒有可以過去的辦法。當負責公司核心業務的B部門有空缺時，會從其他部門調派人員過去，可是該人事權是掌握在B部門的高階主管手上，而我和他一點交情都沒有。所以無論如何，我都得讓他知道公司有我這樣的人，因此，我在聚餐之前，做了萬全的準備。

早上吃了平常沒在吃的早餐，午餐也吃得飽飽的，下班前三十分鐘提前喝了從日本空運過來的解酒液，還另外準備了敬酒詞，儲存在手機裡。深吸一口氣，握緊拳頭，現在就是前往戰場的時刻。

聚會時，座位的配置每次都一樣。高階主管們自己坐一桌，隔壁桌是侍奉高階主管的人，再來是總有一天會成為高階主管的人，然後是侍奉總有一天會成為高階主管的人……。像我這樣的基層員工，則是坐在最角落、照明最昏暗的下層聚落。

今天的目標是坐到B部門部長所在的最上層的桌子。也許從那個位子看，聚集在下層的我們，看起來就像差不多的小石頭。高高的小石頭、矮矮的小石頭、遲到的小石頭、準時下班的小石頭……是有沒有都沒差的小石頭們。我必須告訴他們這中間還隱藏了像我這樣的璞玉。

酒、酒、酒！酒會使這件事變得可能，每當桌上放滿綠色的酒瓶時，就會多出一兩個空位。不勝酒力的人紛紛戰死倒地，喝得酩酊大醉的人又哭又鬧、又打又罵，最後被強制退場。我含著眼淚向戰死的小石頭同事們告別時，依舊是屏住呼吸等待著時機，我等待著存活的人聚集到同一桌的瞬間。

聚餐時間一長，桌數就會從一開始的十桌，逐漸減少成八桌、五桌、三桌。剩下的人會就近聚坐在一起，然後堅持到最後的人會聚在同一張桌子上乾杯，我今天的目標就是進入最後那一桌。

我拼命的喝，咬著牙撐下去，就這樣一撐再撐，終於成為存活到最後的小石頭了。我獲得了和B部門部長共進午餐的機會了！任務完成！約好要一起吃飯之後，我搭上計程車回家。回家的路上，我總共讓車子停下五次，吐到胃都要吐出來了。

隔天，我感覺自己快死了，我被酒精KO了。人生中從未有過的宿醉把我吞噬掉，酒精取代血液在血管中流動，頭痛得像要爆炸了一樣。每隔五分鐘就雙手抱著馬桶說：「很高興見到你。」多麼親切的問候啊！必須做到這種程度才能維持生計的我，因為傷心而流下了眼淚。

突然間我想起了和公婆的晚餐約會，我打起精神，想要做一些出門的準備，但是身體卻不聽使喚。

「真的很抱歉，可不可以不要今天去，改成明天去？」

雖然我用憔悴的眼神盡最大的努力裝可憐，但老公完全不吃這一套。他斜眼瞪著我，並提高音量大聲的說：「結了婚的女人還喝成這樣，像話嗎？」我埋怨老公同樣也在職場上打拚，居然無法理解我的處境。怨恨藉由怒氣和指責流露出來，我和老公都認為自己是對的，結果演變成婚後第一次夫妻吵架。

老公氣呼呼的拿起手機，打給婆婆：

「媽，我們今天不能過去了。」

「為什麼？」

「我和老婆吵架了。」

我懷疑自己的耳朵有問題，那句話分明就是報復我。在這個「即使口齒不清，人工智慧也能聽懂」的時代，都已經三十幾歲的成年人了，說出這種話，不覺得太低級了嗎？這肯定是要把我逼入絕境的惡意行為。

果然，回饋立刻就來了，儘管我坐在離老公很遠的地方，婆婆的吼叫透過手機傳出來，仍然像現場直播一樣刺耳。

「欸，她結婚才多久啊，就已經因為不想來婆家而控制自己老公了嗎？」

老公聽到這些話，似乎這才恢復神智，開始收拾殘局，但為時已晚。我把手機搶過來聽。

「媽，是我。」

「嗯。」

「我沒有說我不想去，只是因為今天身體實在太不舒服了，所以我跟老公說明天再去。」

「既然已經約好了就要遵守啊！妳隨便說聲身體不舒服，就不來了嗎？」

我實在沒想到，這晚餐不是一年一兩次，而是一個月一次，從今天延到明天，難道是犯了滔天大罪嗎？對「不舒服」的媳婦連一句「還好嗎」都沒有說，晚餐的聚會是有多重要？

「不是這樣的，今天身體真的很不舒服，我覺得等身體稍微好一些再見面比較好，所以才說明天再去。」

「說好今天來就應該今天要來才對，扯這麼多幹麼啊？」

「……好，那我們現在就出發吧！」

「算了，不用來了。」

婆婆完全不想聽我解釋，最後用冷冷的聲音補上一句：

「我兒子現在因為妳心情不好。帶著這種心情來能做什麼？算了。」

真是令人哭笑不得的一擊啊！原來問題並不在於晚餐被延到明天，一個小小的媳婦竟敢讓您的兒子心情不好，這個才是讓婆婆憤怒的決定性因素啊！她才不管妳身體舒不舒服呢！掛斷電話後，我癱坐在原地放聲大哭。比宿醉更甚的悲傷、屈辱感，使我兩腳發軟無力。

我想做好，我試著做好，我以為我做得很好。然而，對他們來說，我的存在就只有這樣而已。

剎那間認知到這點真的讓我很受傷。我忘了我和他們之間有界線，我誤以為可以將這界線清除掉，但是猶如稍不留神就長出來的白頭髮、稍微偷懶就覆蓋農田的雜草一樣，我的小小晃動和一時大意，

也能輕易的讓我和他們之間的界線顯露出來。拼命擦拭以免界線被看見，成了我分內的工作。

所以我不做了。我決定不再無時無刻都費盡心思將界線抹去，而是將這條線劃得更明確。當然，比起能來回穿越界線的時候，我受到肯定的範圍變小了。但是也比現在來得好，因為會讓我感到傷害的事情也變少了。

婆家的臨時工

二十四歲，大學畢業之前，我以約聘職員的身分展開了社會生活，既不是打工也不是正職，而是介於這中間的某個模糊地帶。我還記得很清楚，我因為要去公司上班而感到興奮，於是拿著媽媽的信用卡去百貨公司，買了件粉紅色襯衫和套裝窄裙。

那件襯衫光是色澤就和在地下街殺了幾百塊的價錢後才買的衣服不一樣。宛如工匠一針一線精心縫製出來似的，肩膀還有縮褶設計，更增添了整體的高級感。不知道是因為衣服上有翅膀，還是因為要在被稱為公司的地方上班所產生的自信，鏡子裡的我，肩膀看起來比平常寬闊，頗有女性上班族的感覺。

我帶著如此興奮的心情來到公司，但這裡卻沒有我的辦公桌。當時公司分派給我的工作，簡單來說就是替前輩們打雜。整理資料、把需要的物品找來等雜事。對一個月領一萬多的約聘職員來說，辦公桌是一種奢侈。

我穿著那件高級襯衫，坐在辦公室角落的小茶几旁，用羨慕的眼神盯著坐在自己的座位上工作的員工們。上午我在會議桌的一角工作，下午則暫時使用因外出而空出位子的前輩們的座位。每當座位的主人回來時，我就得急急忙忙的讓回座位，一天多達好幾次。

那個時候，我的願望就是擁有自己的座位。我需要早上來上班就能理所當然坐下的，屬於我的座位。小小的一張辦公桌有什麼了不起的？但是在我沒有位子、過著流浪生活的期間，我的自尊心跌入了谷底，我彷彿成了公司裡最微不足道、最可憐的人。在別人的座位上工作，做到一半要匆忙離開的時候，那種心情不只是「淒涼」而已。

再加上，雖然月薪少得可憐，但工作量卻是超乎想像。一個月有一個星期以上必須加班到深夜，因為已經超過大眾交通工具的營運時間，前輩們會一個接一個打電話叫計程車，等他們回家之後，我就一個人在辦公室裡小睡片刻。

後來，我在公司附近的蒸氣房買了定期票，要加班的當週，直接打包一星期份的行李出門。一到半夜，我就拿著隔天要穿的衣服，腳步沉重的走向蒸氣房。如同電視裡悲劇女主角被狠狠教訓後一般，我全身上下散發出一種強烈的辛酸苦楚。

更慘的是，由於一星期份的衣服全都塞在同一個袋子裡，因此T恤、褲子全都產生了皺褶。蒸氣房並不是飯店，當然不可能會有洗衣服務，所以我在加班期間，都必須穿著皺巴巴的衣服。

「衣服稍微燙過之後再穿出來。」

這句話並沒有惡意，因為這是不知道我睡在蒸氣房的前輩給我的忠告。但是，那句話卻令我感到非常丟臉和羞恥。如同變皺的衣服，我的自尊心也變皺了，我花了非常長的時間才將它重新鋪平。約聘的工作對公司來說，就像臨時工一樣，這個不是職位的職位，讓人感到相當無力。

結婚之後我再次感受到那種淒涼的感覺。我的想法實在是太短淺了，才會在結婚之前忽視我要成為「媳婦」的這個重大事實。當我回過神來，我的名字前面已經在不知不覺中被貼上令人感慨萬千的稱呼——「媳婦」了。除此之外，自尊心又再次動搖了起來。

婆家，沒有我的位子。

吃完飯後，其他人都有自己的房間和固定的位子。公公坐在沙發中間拿著遙控器轉台；婆婆在主臥室躺著休息；小姑和老公也各自回到自己的房間。只有我找不到我的位子，迫於無奈，我只好在客廳與廚房之間走來走去。但不管走去哪裡，都一樣不自在。

我好不容易才想到，我的位子是廁所，一走進廁所，出現在我面前的是排列整齊的婆家人的牙刷。我苦惱了一陣子，然後小心翼翼的把從家裡帶來的牙刷放置在洗手台的角落，而不是牙刷架上。

即使我在外面能夠神氣活現的大聲說話，但是只要一站到「媳婦」的位子上，就會莫名其妙的變小。走進別人家的廚房，扭扭捏捏的洗碗，面對婆婆的差別待遇也無法反駁。不僅要看人臉色，還認為犧牲是理所當然的事。如果向人抱怨這些處境，大家就會說媳婦「本來」就是這樣，並叫我要認分。

我覺得我好像是婆家的臨時工，時常得忍受輕視的話、遭受差別待遇、得不到合理代價，是在惡劣的工作環境中孤軍奮戰的悲慘臨時工。

公司有位女前輩，個性十分強硬，和她共事時有時會令人害怕，有次她說，每逢節日就得在婆家洗碗，有次還洗到差點昏倒，我曾經因為她說的話而嚇一大跳。我以為她會據理力爭，會跟婆婆說：「媽，洗碗全都交由我一個人來做，這樣很不公平吧？」

但她從來沒有這麼做，洗到手都起水泡了也什麼都不敢說，這實在太令我驚訝了。

我的朋友們也都一樣。在公司想請假時，堂堂正正的在主管面前請假，但面對婆婆卻戰戰兢兢的，害怕說出自己要去夏日度假。然後只能自顧自的喃喃安慰自己說：「唉，媳婦都是這樣啦！」

「媳婦」這個位子讓人承受的重量，比我想像中還強大。

我以約聘職員的身分工作了兩年左右。離開公司的時候，一起工作的組長問我，為什麼在公司總是畏畏縮縮的，還說沒有必要這樣喔！

聽到這句話，我頓時淚如雨下。明明是這麼天經地義又理所當然的話，卻從來沒有人對我說，如果早一點聽到這句話，我的心境是不是就會有所不同呢？

說不定我現在也很需要安慰或鼓勵。為了讓成為婆家的臨時工媳婦恢復自尊心，我需要一句話，不是「因為是媳婦，所以大家都是這樣」，而是「是媳婦又怎樣？不這麼做也沒關係。」

PART 2 現在，以我為優先

我不想跟媽媽一樣

「女兒的命運像媽媽」。這是我最討厭的話之一，我害怕自己會活得像媽媽一樣，所以下定決心，不斷告訴自己絕對不要過跟媽媽一樣的生活。因為如果媽媽看到我像她一樣過活，一定會很心痛。

媽媽跟我一樣屬虎，二十四歲便結了婚，婚後沒多久生下我。眼睛到底是蒙上多厚的紗，才會在那個美好的年紀鼓起勇氣結婚？究竟是為了享受怎樣的榮華富貴，才會在二十四、五歲時，就得揹著年幼的女兒四處奔波？想到這個，我有種平白無故成為罪人的感覺。

爸爸年輕的時候是很傑出的業務員。在據點遍布全國的業務部門中，曾多次拿到業績第一，並因此聲名大噪。如同大多數傑出業務員的下一步，爸爸後來離開了公司，並開創自己的事業。媽媽原本在貿易公司上班，結婚之後就離職了。成為家庭主婦後和朋友們的聚會變少，就連喜歡的逛街購物也沒得去。爸爸開了一間小小的家具工廠，媽媽則是一邊照顧我一邊在工廠工作。媽媽說她以前從來沒有拿過鐵鎚，猛然回過神來，才發現自己在充滿木屑的工廠裡，熟練的釘著釘子。媽媽的二十幾歲就只有工廠和照顧小孩。

生意有很好的時候，也有不好的時候。家裡曾經被貼上查封封條，也有過經常得面對債主討債的時期。年幼的我每次都心臟怦怦跳，害怕得嚎啕大哭，但是媽媽從沒流下一滴眼淚。電視劇裡明明只要主角一啜泣，主角的母親就會搶先放聲痛哭，但我的媽媽每到這種時候，好像變成另外一個人，身高不到一百六十公分、個子嬌小的媽媽，即使身在蜂擁而至的債主們之間，也照樣對他們破口大罵，眼睛連眨都不眨一下。躲起來的我，看著她的模樣，心裡覺得媽媽真是個強悍的女人。媽媽在我現在這個年紀時，正過著那樣的生活。

跟債主一樣，讓媽媽受苦的人還有爺爺、奶奶。雖然媽媽會對債主破口大罵，卻沒有對公婆說過任何難聽的話。聽說爺爺過去是村子裡有名的浪蕩子，他總是動不動就跑來結了婚的兒子家，常常一大清早就跑來敲門，嚇得媽媽驚慌的跑去應門。如果開門的是媽媽，他就向媽媽恐嚇要錢，說要跟朋友出去玩、車子故障了、狗生病了……用各式各樣的理由，每隔一天就跑來一次，然後拿到裝著錢的信封後就走了。每天清晨重複上演的爺爺的敲門聲，在媽媽心裡留下陰影，直到三十年後的現在，她還是常常在睡眠中突然驚醒。

而到了節日，媽媽的壓力更是到達極限。為了準備食物，她得提早抵達婆家，但爺爺、奶奶都出門了，家裡一片寂靜。奶奶總會在節日前夕整理廚房，並且清理得很徹底，彷彿是昨天才剛搬進來的新家般，冰箱、收納櫃全都空蕩蕩的。媽媽只能深嘆一口氣，然後去將辣椒粉、鹽巴、麵粉到生米等食材一一重新買來。由於只有媽媽一個人準備祭品，所以一天很快就過去了，到了晚上，夫家一家人回來了，媽媽還得準備晚餐。像這樣，只要過完節日，媽媽就會臥病在床好幾天。

吃飯的時候，只要配菜沒了或者需要水，大家就會看著媽媽。年幼的小姑、小叔們也自然的對著媽媽說「拿點水過來」、「再給我一點湯」。爺爺、奶奶，甚至連爸爸也是，他們都向媽媽要求需要的東西，但媽媽從來沒有說過「你們自己去拿」之類的話。

在那個地方，只有媽媽是唯一一個不在這個家生活的人，她卻得在廚房進進出出的，連一口飯都沒辦法好好吃。

「大家都只會盯著我看。拿水過來、拿酒過來、收拾桌子……也從來沒有說過一聲謝謝。」

我聽到這些話之後有點驚訝。我從來沒有想過，媽媽會因為這種事情受傷，我有需要的東西，總是先去找媽媽，這是被我視為熟悉且理所當然的事。而媽媽在爺爺家時，也是這樣，就跟在我們家一樣，我完全沒想到，這會成為令她感到傷心和孤寂的事情。

結婚之後、成為媳婦之後，我才理解媽媽的心情。

類似的情況也發生在我身上。某天大家一起在婆家吃炸雞，我正專心的啃著一隻雞腿，坐在我前面的妹夫突然對著某個人說話：

「有可樂嗎？」

他的這句話找不到目的地，在空中盤旋，但我只顧著啃雞腿。當然，我並不是不知道大家都在看著我。在一陣尷尬的沉默後，小姑一邊說：「有沒有可樂呢？」一邊緩緩站起來。婆婆說廚房應該有，跟著小姑去找可樂，公公瞄了一眼正在啃雞腿的我。

我喝了一口啤酒，邊看電視邊放聲大笑。明明不是什麼特別好笑的橋段，我還是笑出來了。為什麼妹夫要看著我問有沒有可樂呢？為什麼大家都盯著我看呢？真是可笑！因為想起媽媽說的事，我忍不住笑出來。

原來媽媽是這種心情啊！既不把媳婦當成家人，也不是當成客人，如果是媽媽的話，肯定又會抬起屁股，起身去拿可樂，但是我卻不動如山，因為媽媽叫我這樣做。

「不要像媽媽這樣生活，因為那是沒有人認同，被迫犧牲而不斷受傷的生活。」

媽媽是「乖媳婦」的模範。從來沒有對公婆頂嘴；過節的時候，獨自做事到身體累垮；只要被呼喚，不管黑夜白天都立刻飛奔過去。公婆有需要的東西就買給他們；公婆有想吃的東西就招待他們吃。即便如此，她也從來沒有聽過一聲對不起或謝謝。別說是零用錢了，她連一雙襪子都沒收到過。

爺爺、奶奶一直到臨死前都還麻煩媽媽照顧，卻從來沒有握過媽媽的手，表示感謝。看著媽媽，我學到了乖媳婦的結局有多空虛。因此，媽媽希望我不要活得像她一樣，她叫我不要為了獲得疼愛而花費心思。這是以乖媳婦的身分活了三十年的媽媽最後悔的事。

我為了不想像媽媽，從小到大費盡心機，因為不想和媽媽一樣有著女人的溫馴，我不像一般女兒會借媽媽的衣服來穿，反而故意裝得像男孩子。廚藝很好的媽媽要教我做菜，我也不學，還找了和爸爸的個性最不一樣的人結婚。就這樣，我認為我離媽媽走過的人生越來越遠。

然而，成為媳婦之後，每當遇到傷心難過的事情時，我就想起這句詛咒般的話：「女兒的命運像媽媽」。我是不是繞來繞去，最後還是步入媽媽的後塵？

儘管如此，我仍然覺得我不應該活得跟她一樣，我不應該放棄並獨自承擔一切，不應該在受到傷害的同時也失去自我。因為我是媽媽的女兒，我絕對不要讓媽媽感到心痛。

結了婚也很孤單

只要開始吹起涼爽的風，我就會朝著關東煮店前進。天氣越冷，關東煮店的魅力越大，即使只是秋天微涼的夜晚，也很適合去吃，不過衣服必須穿得薄一點就是了。打開門走進去時，如果因為感覺到暖意而能脫口說出：「啊，好溫暖。」那間店就成功了。

我一坐下就先盛一勺湯，然後在上面撒上滿滿的蔥花。接著夾取如食指指甲般大小的哇沙米混入醬油中，團狀的哇沙米，必須很有耐心的攪拌一段時間，這樣才不會因為咬到一大坨而眼淚鼻涕直流。

前置作業完成之後，就可以仔細挑選合適的關東煮了。挑選時，必須避開剛放進去還硬梆梆的傢伙。我已經練就只要瞄一眼湯底映照出來的魚板影子，就能看出烹煮時間的工夫。拿出軟硬適中的魚板，咬下一口，鹹鹹的湯汁瞬間包覆住舌頭，讓人不由自主的想叫杯燒酒來喝。

只要我說：「秋天到了。」就有朋友回應說：「去吃關東煮吧！」這真的是一件非常幸福的事情。朋友不喜歡喝酒，也不太愛聚會，但去過一次關東煮店之後，就深深被它的魅力給吸引，成天都期待著天氣變冷。

不過，事實上比起關東煮，她更關心坐在對面挑選關東煮的男士們。通常關東煮店裡的布置會是，中間放著大大的鍋子，讓客人圍坐在四周。因為坐位這樣安排，自然而然就會和周圍的人聊起天來。朋友總是帶著強烈的戰鬥意志進入店裡，然後因為找不到滿意的男性而感到挫折。那天，她仍舊一無所獲。朋友一邊咬著魚板，一邊觀察周圍的男人，但似乎找不到她的菜。她帶著傷心的表情，將酒當成水喝下肚。

「我恐怕結不了婚了。」

她從花樣的二十四歲開始，就夢想著要結婚。我以為她會比任何人都早結婚，然而，或許是殘忍的命運在惡作劇，直到現在她都還找不到另一半。黃湯下肚之後，她一臉失去國家的表情，開始感嘆起自己的身世。她問我要怎麼獨自生活一輩子，還要我介紹好的養老院給她，我靜靜聽著朋友酒後的胡言，突然勾起了我的好奇心，我問她為什麼這麼想結婚呢？

「很孤單啊！」

她說朋友們一個個都結婚了，大家找到伴之後就離開了，只剩下她一個人，所以她很孤單。週末的約會變少，一起享受假日的朋友也消失了，再這樣下去，她總有一天會變成一個人來關東煮店，她邊說邊嘆氣。我幫她把喝空的杯子倒滿酒，也順道把從剛才就空著的我的杯子斟滿，和她輕輕碰杯之後，我將燒酒送入口中，結果堆積在心底的話就溜了出來：

「並不是結了婚就不會感到孤單……」

我不是容易感到孤單的人。我會一個人去咖啡廳、一個人去看電影、一個人去逛街購物，也會一個人去旅行。比起和某個人一起度過的時間，我覺得我更喜歡一個人的時光。我人生中最美好的旅行之一，就是我自己一個人去的濟州島之旅，直到現在和其他人一起看電影，我都還會覺得很不自在。

我覺得我一輩子都不會知道孤單為何物，並不是因為我忙著和人們交際，而是因為我喜歡一個人的時光。然而，我竟然在結婚之後才感覺到什麼是孤單，真是有夠諷刺。

明明不是一個人而是兩個人，但卻因為是兩個人，所以感覺到的孤單更深了。

結婚之後，老公就立刻收到派駐國外的命令。雖然要過著沒有老公的獨居生活令人感到遺憾，但是不知為何，我的嘴角竟不自覺的上揚。從來沒有獨自生活的我，對獨居生活懷有幻想。不必和家人搶遙控器，就可以盡情看想看的電視節目；只穿著內衣在客廳大步行走……這些是我至今未止沒能享受過的「小確幸」。衣服丟得像蛇脫下的皮，也不會有人嘮叨；今天該洗的碗推延到明天，也不會被打。

老公離開之後，有一段時間我將這些事情稱為幸福，每天晚上都舉杯慶祝。一個人住才能享受到的自由比想像中的還要好。然而，問題是這樣的時光並沒有維持太久。

不知道從什麼時候開始。我一回到家，燈也沒開，就呆呆坐在漆黑的客廳裡。沒開電視的日子越來越多，老公打來的視訊電話也故意不接，因為感覺一接電話，眼淚就會奪眶而出。

我成了獨居生活的不適應者。即使在外面玩得不亦樂乎，只要回到空蕩蕩的家，就會變得很憂鬱。獨自在陌生的社區生活，神經也變得很敏感。原本一睡就能到天亮的睡眠模式變得不一樣了，一點小小的聲音也會使我從睡夢中驚醒。因為沒睡好，結果變得更加敏感。

直到老公回來之後，我才慢慢好起來。我變得可以好好睡一覺了，呆坐在漆黑房間裡的情況也消失不見了。雖然有時候會因為打鼾聲而忍不住踹他幾腳，但總比獨自一個人好。

然而，心裡某一處依舊很空虛。那天也是如此，像平常那樣，下班回到家就吃飯、洗澡、看電視。老公和公司同事一起去看足球比賽，十一點左右才回來。我看著老公的臉，彷彿想起了借出去但還沒收回的錢似的，一股煩躁感湧上心頭。

我走回房間，關燈並躺下。當我閉上眼睛準備入睡時，突然覺得自己最近真的很奇怪。雖然我不斷思索到底是什麼原因，卻始終沒有答案。明明就沒有什麼不一樣，每天都是上班、下班、一個人吃飯……。

突然間，我的淚水奪眶而出，令人意想不到的展開。只是像平常一樣獨自一個人吃飯，光是想到這個，淚腺就大爆發了。老公看見突然間嚎啕痛哭的我，嚇了一跳，我擦拭著止不住的淚水，心裡也很驚慌。

每天一個人吃飯，這件事就是情緒調節失敗的根源。邁入婚姻生活之後，和老公一起在家吃飯的次數，加起來還不到十二次。撇開老公去國外出差的那一年不說，他回國之後，我也一直是獨自一個人吃飯。

因為老公的公司有優良的員工福利，提供早、午、晚三餐，所以不用擔心吃飯的問題。雖然老公下班的時間比我早，但是他覺得在家還要煮來吃很麻煩，因此他都是在公司解決晚餐之後才回來。我從未對此感到失落，反而還因為省下伙食費而覺得很好。

在家吃晚餐的時間，自然而然就成了只有我一個人的時間。我的晚餐一向吃得很簡單。不是煮泡麵來吃，就是加熱即食便當再搭配幾樣小菜。隨便填飽肚子的一餐，不曾令人覺得美味。

下班回到家，只要走進大樓社區，就會聽到別人家裡傳來鏗鏗鏘鏘的做菜聲，令我感到內心一陣空虛。我想念結婚之前總是熱鬧吵雜的餐桌，以及擺放在桌子中間，媽媽又鹹又辣的泡菜鍋。

獨自一個人吃的即食便當中，除了碳水化合物、蛋白質、脂肪和少量的鈉及飽和脂肪酸以外，顯然還添加了極少量的「孤單」。我也在不知不覺中，一次又一次的將那個孤單累積到我的體內。

結婚之後我才明白這個被稱為孤單的陌生情感，這種神祕的情況是源自於預期心理，只要結婚就會永遠在一起的愚蠢期望。

我以為結了婚，就會像炸雞和啤酒、魚板和燒酒一樣，成為一對無法分離的夫妻，並共享所有的時間。但是，即使結了婚，我們依舊有各自的生活。老公一樣有同事和朋友，晚上的約會及同好會的聚會

也都沒有改變。

小時候看太多童話故事了。「就這樣，他們兩個從此過著幸福快樂的生活」童話作家們用這種不負責任的快樂結局對我洗腦，作家們並沒有告訴我，兩個人從此過著幸福生活的方法。

我過了很久才明白，必須保持「時而分開，時而一起」的平衡。即使結了婚，仍然會有獨自一個人的時間，會面臨另一種孤單和寂寞。最近的我，需要認可這種時間的過程。

「朋友，結了婚也很孤單啊！」

朋友對我的話嗤之以鼻，一邊說肚子很飽一邊搖搖頭。我保證，等她有一天結了婚，她一定會想起今天我們的聚會，想起在關東煮店裡，還不知道「如果因為想要逃避孤單而選擇結婚，說不定會感到更加孤單」的不成熟。

要是被婆家討厭該怎麼辦

打開衣櫥，形形色色的洋裝一字排開，正等著我做出選擇。這件太華麗了、那件會顯得很老氣、這件看起來很胖……因為各式各樣的理由，大家都嘗到了被淘汰的苦頭，最後被拿出衣櫥的，是一件最普通但看起來最昂貴的黑色洋裝。提親時穿過一次之後就再也沒穿過了，因此它還保留著當初的感覺。

我想戴上久違的耳環，但是一摸耳垂，怎麼可能？太久沒戴的耳洞竟然密合了，我身體的再生能力什麼時候變得這麼卓越了？不管穿刺幾次都會再次填滿新肉的我的耳垂，我想對它的忠誠表達深深的感謝。我緊閉上眼睛，試圖在長出新肉的耳洞上果敢的進行正面突破。雖然瞬間手汗直流，腳尖蜷縮，但我也只能這麼做。因為今天是必須在耳垂上掛一兩個閃亮寶石的日子。

雖然用心打扮但是不能露出特意打扮的場合；身上穿戴著又貴又好的物品卻不能顯得奢侈的場合；比參加前男友婚禮還要花費心思的場合，那就是女子高中同學會。

七個女高中同學之中，包含我在內，有四個結了婚。兩個有小孩，兩個沒有小孩。未婚的三個朋友中，有兩個正在準備婚事，一個立志不結婚，而今天的話題主角是我。因為這是在我婚禮過後，時隔許久的聚會，關於新婚生活的提問自然會蜂擁而來。

「結婚的好處是什麼？」

「我比較好奇有什麼壞處耶！」

未婚女子們果然有很多好奇的事。好處是有了老公，壞處是同時也有了婆家。已婚的朋友們憐憫的看著我說：「那個唯一的好處，也很快就會消失。」正在準備婚事的朋友似乎無法從我的回答中，找到自己想要的答案，於是她又補上一句話：

「不過，撇除這件事，婚姻生活還是很美好的吧？」

啊，愚蠢的人類啊！竟然坐在這裡一邊談論著婚姻生活，一邊說出要撇除婆家，這真是不懂人情世故的天真言論。就算沒有泡菜也能煮泡菜鍋、就算沒有哇沙米也能吃生魚片，但是婚姻裡是不可能少了婆家的。

我對朋友們說出層層累積起來的婆家世界的奇聞軼事，再加上人妻前輩們的故事，讓婚姻的真面目展現在她們眼前。如果有人早點告訴我結婚不是「童話故事」，而是「戰爭片」的話，該有多好。

已婚的朋友們也七嘴八舌的加入自己的故事，然而，我認真的聽下來，不知道是怎麼回事，我們之中居然沒半個受寵的媳婦。人妻朋友A是把婆婆的話當成耳邊風的壞媳婦，婆婆以疼愛媳婦為藉口，事事都要「操心」，但婆婆說的話，她總是左耳進右耳出：「每次見面妳怎麼都變胖了」、「生完孩子就不運動了嗎」、「因為懶惰都沒準備飯菜給老公吃對吧？如果是這樣的話，就搬回來跟我住。」……即使是這種充滿關愛的話，她也面不改色，只顧著用遙控器將電視轉台，是個不受教的媳婦。

另外一位人妻朋友B，一定會在婆婆的話後面坦率加上自己的意見，因此遭到白眼。她最近因為臨近生產日而感到憂慮，婆婆為了讓她鼓起勇氣，於是對她說：「又不是只有妳生小孩，沒什麼好擔心的。」聽到婆婆這麼說，她坦率告訴婆婆，這些話她聽來心裡很不是滋味，因此當時氣氛降到冰點。聽完故事的未婚朋友憂心忡忡的望著我們。

「這樣也行嗎？照這樣下去，萬一被婆婆討厭怎麼辦？」

「什麼怎麼辦？就這樣繼續過活囉！」

雖然我們之中沒有一個媳婦聽話，但是婚姻生活並沒有不幸。得不到婆婆的疼愛，不會使生活變得困難。

當然，如果婆媳相處融洽那是最好不過了，但是為了達到這個目的，只有一方在忍耐、配合，那麼這麼做有沒有必要就是個問號。

以對待長輩的禮儀為基礎，遵守適當的界線，如果能做到這種程度，應該就可以守護家庭的和平了吧？當然，遵守那條界線不單只是媳婦一個人的事。

女婿被招待，媳婦招待人

我很喜歡公司聚會，總是引頸期盼著可以開心吃美食，和同事盡情吃喝，甚至乘興跑去ＫＴＶ續攤。可以報公司帳盡情享受，這是多麼大的喜悅啊！但即使花的是我自己的錢，也是很開心的事情。

不過，我是不久之前才變得如此期盼公司聚餐的。如同世上所有的新進員工一樣，我剛進入社會生活的時候，也極其厭惡公司聚餐。前輩們無聊的故事要假裝聽得津津有味，還要做出回應；上司醉得不省人事時，還得護送他回家；如果對面坐的是老頭級的上司，就得聽上幾個小時假借鼓勵，其實是多管閒事的訓誡，每次他們上演的都是同一齣戲碼，卻還要求觀眾要做出新鮮的反應。

然而，這當中最令人討厭的事情是，在烤盤前面不斷的烤肉，而且只能烤不能吃，就算是拷問也沒有這麼慘吧？不管早到還是晚到、坐角落還是坐中間，夾子和剪刀總會放在我面前。因為我是公司裡年資最輕的，我得當服務生，付出勞動力，服務大家。

前輩們不僅不親自烤肉，還有一大堆要求，肉如果太大塊，就碎念說不貼心；如果很小塊，就怪我亂剪。我烤得汗如雨下，正想吃一塊時，就會有人大呼小叫的說肉要烤焦了。

因為那些只會用嘴巴翻肉的人，我只能不停的烤肉，然後悲慘戰死。這種痛苦的公司聚會，持續了三年左右。如今隨著年資累積，我已經到達不逃避公司聚餐，而且還能享受它的境界了。我將護送長官的工作傳承給後輩們，並且具備能夠搶占視線死角區域，以避開上司嘮叨的成熟老練。再也不必在熱呼呼的烤盤上剪肉、烤肉，只需要大口大口吃著別人烤好的肉，讓我隱約感覺到權力握在手裡的喜悅是什麼呢？我想就是成為老鳥了吧！

我真的沒想到，這樣的我，現在居然又得重新負責烤肉了。一個月一次，和婆家人一起吃飯的某天，我們一起去吃烤肉，公婆、我們夫妻，以及小姑夫妻，總共六個人分坐在兩個烤盤前面。

很不幸的，我和婆婆、妹夫形成一組。排除年紀最大的婆婆，烤肉的工作將由妹夫和我其中一人來負責。通常這種時候，都是先拿夾子的人來做，因此我希望妹夫先站出來。

然而，他可不是個省油的燈。

餐廳阿姨把肉放到桌上的同時，他就說要去廁所，說完便離開座位，我慢了一步。阿姨在烤盤上放上適量的肉之後，很自然的將夾子遞給我。我嘆了一口氣，謙虛的接受命運。為了吃到烤得恰到好處的肉，我必須展現在炭火上烤肉的神功，我舒展了一下手指，然後拿起久違的夾子。

光是烤肉就已經夠忙了，今天還多了一項任務，那就是烤大蒜。烤大蒜比要烤出飽含肉汁的肉難得多，需要一定的功力才行。肉從底層開始變熟，一直到眼睛看得到的上層，顏色會慢慢產生變化。因此，即使不翻面看，也能料到它熟到什麼程度了。

但是，大蒜是個百分之百的撲克臉。它具有即使接觸烤盤的那面已經烤焦，但上面卻依然保持白皙的雙重面貌。為了吃到如焦黃栗子般香噴噴的熟大蒜，必須常常將它翻面，仔細照料。我不僅沒空閒聊，也沒空吃小菜，只有高度的耐心和忠誠才能造就成功的烤大蒜。

我一邊烤肉一邊翻動大蒜。使出渾身解數和烤盤作戰，但是坐在對面的妹夫卻從容不迫的準備好要夾走烤好的肉。他的眼力實在是太好了，只挑選烤得焦黃、狀態最適合吃的肉，並迅速的往嘴裡放。我流著汗水烤出來的大蒜也是一樣，翻動幾十次才烤得恰到好處的大蒜，被他一一夾去吃掉了。

「我們家女婿吃得真香，讓人看了真開心。」

「好久沒吃到肉了。前天公司聚餐，我因為是菜鳥，光顧著烤肉，一塊肉都沒吃到呢！」

「哎呀，我們家女婿這麼辛苦啊！太令人難過了。今天多吃一點，大蒜對身體很好，多吃點。媳婦啊，再多烤一點大蒜吧！」

很聽丈母娘的話的乖女婿，肉和大蒜都吃得很多。續了三盤大蒜之後，我邊烤肉邊仔細觀察他的行為，他非常有志氣，一個大蒜都不翻，而且心志還不是普通的堅定。我不像婆婆那樣心胸寬廣，不烤肉、只顧吃的妹夫令我很不悅。

比我晚將近一年才進入這個家庭，明明是比我菜很多的後輩，對待前輩的態度卻如此令人失望。難道是受到丈母娘疼愛的自信心，讓他無所畏懼了嗎？難道是陷入「女婿是客人，媳婦是工人」的舊時代思維裡了嗎？奇妙的是，他對待年長的我，像對待下人一樣的態度，已經不止一次兩次了，卻沒有任何人指責他的行為。

一起到婆家時，女婿自然是坐在沙發上，我則被召喚到廚房去。女婿被招待，媳婦得招待人。烤肉一事也是如此，他吃肉，我烤肉。

為什麼女婿會理所當然的被排除在烤肉的隊伍之外呢?世上沒有一件事情是理所當然的。我在烤盤上烤肉的動作，不自覺的變得越來越粗暴。本來打算翻動大蒜，卻無意間向對面的妹夫揮出大蒜。不知道是幸還是不幸，大蒜降落在他的胸口，並在衣服上留下明顯的汙漬。

「哎呀，抱歉，大蒜怎麼會飛到那裡去呢?」

婆婆將濕毛巾遞給遭到大蒜襲擊的女婿，然後還幫他圍上圍裙。寬宏大量的妹夫將大蒜拍掉，接著說沒關係，好讓丈母娘安心。

我烤大蒜的意志消失了。雖然看見大蒜朝下那面已經烤得焦黑了，我卻故意不翻面。妹夫隨手夾起大蒜，看到焦黑的大蒜，立刻皺起眉頭:

「哎呀，這個都烤焦了。」

不管他夾到旁邊的大蒜還是對面的大蒜，全部都是無法挽救的狀態。妹夫因為吃不到好吃的大蒜而大失所望。儘管如此，他看起來還是沒有要親自烤大蒜的意思，我也沒有繼續幫忙烤大蒜的雅量了。

「不要光顧著吃，稍微幫忙翻一下。」

我帶著淡淡的微笑朝妹夫丟出這句話。這句不足為奇的話，讓妹夫和婆婆同時盯著我看。我把夾子交給對面的妹夫，婆婆坐立難安的觀察著女婿的臉色，妹夫接過夾子繼續烤肉。

這下終於可以好好吃飯了，果然還是別人烤的肉最美味。

屬於女人的禮物

「親愛的，幫我買個生育禮物送給大嫂，送嬰兒服或鞋子應該可以吧？」

和老公關係很好的鄰居大哥不久之前當爸爸了。他和老婆及剛出生的小孩一起住在月子中心，不過看他的樣子，好像是覺得非常無聊。不知道他是不是因為聽說待在月子中心的時候最幸福，所以想在落入育兒地獄之前盡情玩樂，幾乎每天都呼叫我老公說要約見面。

老公這週末會跟大哥碰面，然後順便去月子中心看看小孩。他說想送賀禮給大嫂，並假裝苦惱著要送什麼，接著再偷偷的把挑選禮物的工作交給我。看樣子是想要苦勞我出，功勞他拿。

不知道「賢內助」這個詞是不是可以用在這種時候，我為了說要送禮卻不知道要送什麼才好的老公，前往百貨公司。但是我從來沒有去過月子中心，也沒有送生育賀禮的經驗，對於該買些什麼也是很茫然。我一邊苦惱要買包屁衣還是鞋子，一邊走進百貨公司。正要去搭電扶梯的時候，腦海中突然浮現那天的情景。

我一個人在咖啡廳喝著咖啡，正打算看書的時候，來了四個人，一男三女吵吵鬧鬧的在我隔壁桌坐下。從他們身上掛著員工識別證的樣子來看，應該是在附近的公司上班，然後為了喝下午茶而暫時溜出來。

唯一的男性似乎是二十五、六歲的實習生或新進員工，和他一起坐的女人們是年約三十五歲左右的前輩。四名男女開心的聊著天，我並不想偷聽他們的對話，但是我靈敏的聽覺及桌子之間狹窄的間距，導致我無法專心看書。

「我姐剛生小孩，真的很可愛，妳們要看照片嗎？」

「哇啊，好可愛，很像你耶！」

「哈哈，真的嗎？我這禮拜要去看小孩。對了，我想送我姐姐賀禮，妳們覺得送什麼好呢？」

「送一件好看的嬰兒服啊！現在有很多漂亮的款式喔！送床鈴或陪睡玩偶也很不錯。」

女前輩們提出各式各樣的點子，並整理成禮物名單。我在心裡投了陪睡玩偶一票，就像她們說的一樣，最近出的陪睡玩偶，可愛到連三十幾歲的女性都想擁有呢！我內心期待著菜鳥員工選擇陪睡玩偶，他卻悠哉的笑了笑，接著說：

「我不是問送孩子的禮物，而是問送姐姐的禮物，我姐姐又不只是個媽媽啊！」

我忍不住轉頭看著男人。他正在為姐姐的禮物煩惱，但是包含我在內的所有人都只想到小孩的禮物。沒有人好奇姐姐喜歡什麼，因為生了小孩，所以就只把他的姐姐當作孩子的媽媽。

我的雙重面貌彷彿被揭發似的，瞬間覺得很羞愧。過去一副自命清高的樣子，大聲抗議著女人在社會上因為結婚生子受到差別待遇，現在卻投了一票給陪睡玩偶，這個行為真令人感到羞愧。

我總是以各式各樣的理由，推延生小孩這件事，事實上，可以的話，我甚至想逃避這件事。或許是我還不懂有小孩的喜悅，我描繪不出成為媽媽的幸福未來。因為我還沒成熟到可以對我以外的其他生命個體負責。然而最重要的是，我不想失去自我，我害怕在成為媽媽的瞬間，「我」就會消失，然後只以某人的媽媽存在。

回顧過去，不斷讓恐懼運轉的人就是我自己。只要提到「生育」這個詞，我就自動把女人塞進「媽媽」的框架裡。即使裝作沒有，卻還是將生了小孩的朋友、前輩們遠遠的拋在一邊，並畫上界線。

可能是只想到媽媽收到可愛嬰兒服的開心模樣，卻沒有想到女人穿上美麗洋裝的幸福心情，我自己都沒有將媽媽當作女人了。

看著為了姐姐的禮物而苦惱的男人，我的腦中浮現了一個想法，如果我妹妹可以遇到那樣的男人就好了。還有，假如有一天我的弟弟在其他人面前說出一模一樣的話，我也會覺得很幸福。真心的羨慕他的姐姐。

我在百貨公司買了唇蜜，而不是嬰兒服或鞋子。一款因為色彩不強烈所以很百搭、即使素顏擦也不會感到突兀的唇蜜。我想送屬於她的禮物，而不是小孩的禮物。我希望她即使生了小孩、成了媽媽也依然美麗。

老公不是「幫忙」做家事

「你聽說過嗎？有個結了婚的丈夫說，婚姻生活就像是，女朋友來家裡玩卻一直不走。兩個人一起吃飯，也玩得很開心，但過了一段時間，她還不回家。遊戲玩完了、電視也看了，希望她現在就走卻趕不走的窘境。」

「也有太太的版本啊！太太說，結婚是媽媽出去旅行卻還不回家的感覺。少了媽媽的碎念，雖然過了好幾天自在的生活，但要洗的衣服堆積如山、洗碗很麻煩、做飯很辛苦，希望媽媽快點回來，但是她卻不回來。」

「欸，我身為有夫之婦，真的是百分之兩百有同感，我現在非常迫切需要媽媽。」

每當聽朋友在抱怨婚姻生活時，就會發現不管是什麼人一定會遇到的問題就是家事戰爭。由於我身邊有很多雙薪夫妻，因此為了家事爭吵的情況屢見不鮮，而氣到火冒三丈的大部分都是女人。

「下班之後，精疲力盡的回到家，結果休假在家沒去上班的老公卻催促我說：『快點準備晚餐』，大家都有遇過吧？明明一整天都待在家，為什麼不能自己做點東西來吃呢？」

「即使我剛剛才從外面回家，也能知道老公在家做過哪些事情。『啊，他在這裡剪指甲啊！』因為客廳裡有亂放的指甲剪；『啊，他邊玩電腦邊吃餅乾啊！』因為電腦旁邊有空的餅乾袋。」

那些身為全職家庭主婦的朋友，她們的怒火也沒有比較少。我有一個朋友因為身體不好，結婚之後暫時離職在家休養，但是過沒多久就開始找工作了。一問之下才知道，她只要叫老公做一點簡單的家事，老公會就斤斤計較的說：「我都在外面工作賺錢了，為什麼還要做家事？」讓她覺得心裡很受傷。朋友生氣的說，為了取得對等的位置，即使身體垮了，也要出去賺錢。

因為太常聽夫妻為了家事而爭吵的故事，因此我下定決心一搬進婚後新居就要和老公分配家事。項目大致分成做飯、洗碗、掃地、洗衣服。我們各自選出一個最討厭的家事。

這個時候，如果因為沒用的心靈相通，導致兩個人都討厭同一件家事的話，那就真的得無奈的揭開家庭失和的序幕了。幸好我們夫妻倆默契不好，各自選了不同的家事。我選洗衣服，老公選掃地。

說來慚愧，結婚之前我從來沒有洗過衣服。雖然我希望那理由是因為我是個「手不能碰任何一滴水、從小嬌生慣養的女兒」，但事實絕對不是如此。在娘家，家事是徹底分工的，我是負責洗碗的人，因此我對洗衣服這個領域完全不感興趣。負責洗碗的人竟敢對著洗衣室探頭探腦，這種事情被視為不可饒恕的越權行為。

即使是媽媽不在家的日子，我們家依然是負責洗衣服的妹妹只做洗衣服的工作，而我只做洗碗的工作，所以我並不知道洗衣機的使用方法。結婚之後，第一次啟動洗衣機的那天，我還落得必須靠網路幫忙的地步。

老公則跟我完全不同，他洗衣服的實力是專家級的水準。直到現在，當洗衣店老闆，仍是他未來的願望之一。結婚之前老公除了會操作洗衣機外，如果是珍貴的衣服，不用別人說他也會用手洗，由此可見他對洗衣服的熱情。

既然彼此對家事的好惡分明，那麼剩下做飯和洗碗這二件事就彈性決定。如果是老公做菜的話，就由我來洗碗；如果是我做菜的話，就由老公來洗碗。另外，伴隨著一些痛苦的倒垃圾和掃廁所等家事，也在歷經充分的溝通之後，各自選了比較不討厭的事情。老公負責丟垃圾，而我負責掃廁所。

就這樣，達成協議的家事分擔系統，目前為止都順利的運作著，沒有任何大礙。當然，雖然不是劃分清楚到「因為掃地是你的工作，所以就算身體痛得快死了，還是你來做」，但也多虧了這樣明確的規定，才沒有發生爭吵。

剛結婚的時候，只要去婆家，就會被問到各種關於家事的問題。「洗衣機好用嗎？做飯難不難啊？有沒有常常掃地啊……」然而，奇怪的是，被問的人永遠都是我，老公明明就在旁邊，但婆婆一定會把他當作不存在的人，然後只對著我不停的發問。洗衣服是由老公負責，婆婆卻問我用哪一個牌子的洗衣精，我無言以對，只好搔搔頭。

尤其是她對著早上六點半起床上班、晚上九點才回到家的我提出疑問說：「上班之前有好好做早餐來吃嗎？」我對此感到新鮮之餘，也覺得受到衝擊。

「婆婆，現在雙薪家庭的夫妻很少人會特地做早餐來吃啦！上班就已經夠累了。」

「可是，早餐還是要好好吃才會健康。填飽肚子才能把事情做好啊！沒吃早餐就去上班，整個早上，不對，一整天都會沒精神。」

不知道婆婆是看了關於早餐有多重要的書，還是在同學會上聽到朋友因為沒吃早餐而得病的消息，她突然對早餐歌功頌德起來。光聽婆婆的那些話，還以為只要吃了早餐，就能逆轉人生呢！

她說一頓豐富的早餐，可以提升工作效率，晉升速度自然變快了，年薪也會因此變高。那樣一來，馬上就能變成有錢人，將看不見盡頭的貸款，一次痛快還清。

看她講得如此熱烈，我立刻心軟並點頭答應。婆婆說成那樣，使我也產生了，從現在開始要和老公一起輕鬆愉快吃完熱騰騰的早餐再去上班的念頭。

「如果真是這樣，那我們從今以後都要準備早餐來吃。親愛的，你可以從明天開始準備嗎？」

我們不曾規定早餐的當值人員。就算規定了，在大家都要上班的情況下，事情只集中在一個人身上，將會是非常不合理的安排。假如一定要做，輪流做才是打造既健康又和諧的家庭的方法，我決定把這個機會先讓給老公。

但是，老公卻皺起眉頭說：「幹麼非要早起做早餐吃？那個時間拿來多睡一會兒不是更好。」剛才婆婆還振臂高呼說一定要吃早餐，結果因為老公的

一番話，瞬間閉上了嘴。雖然她心裡可能在想：「為什麼我兒子要幫妳準備早餐？」但是她卻壓抑著怒火，展現出令人尊敬的長輩風範。

如同婆婆的兒子沒有義務替我準備早餐，我也沒有義務在早上五點起床替婆婆的兒子準備早餐。無論是學生時期的家政課，還是大學的婚姻生活通識課，我都沒有學過「女人結婚之後就要替老公準備早餐」的任務。即便我吃了老公做的早餐，能健康、精神奕奕的工作，我也不會這樣要求他。

有一次，婆婆看到老公使用抹布的樣子，眼神立刻變得冰冷。婆家人使用抹布後，不是擰乾再攤開來晾乾，而是擰完後就原封不動的放著，等到要用的時候，再放進水裡浸濕。那天在婆家，老公將用完的抹布輕輕拍打並攤開放在餐桌上，婆婆看到心情立刻變得很不悅。

「媽，抹布要這樣攤開來放才不會有味道，而且一下子就乾了。」

「哎呀，真了不起。我兒子什麼時候開始對家事這麼有興趣了？」

光是一條抹布就透露出兒子操持家務的成熟老練，使婆婆的怒氣倍增。

「因為我兒子很善良，所以幫了媳婦妳很多忙吧？」

「其實我更常幫他啦！我常常幫忙做老公應該要做的家事喔！」

老公不是幫忙做家事。只是盡自己的職責罷了。在一起生活的空間裡，做好自己分內的家事，這是理所當然的規則和禮儀。

不知道從什麼時候開始，老公做家事變成應該被稱讚為善良的事情。當有人問我，老公是否會幫忙做家事時，我都搖搖頭。因為他不是「幫忙」，只是做好自己的分內事而已。

婆婆是怎樣的媳婦呢

我有一個高中三年都黏在一起的好閨密。在女子高中裡，如果連續三年都同班的話，通常不是成為死黨就是不共戴天的仇人。幸好我們因為笑點一樣、討厭晚自習、天生具有被導師討厭的勇氣等共通點而凝聚在一起，才會達到如此深厚的友情。

尤其是升上高三之後，我們的友情密度變得越來越高，因為我們都同樣喜歡上電視劇《巴黎戀人》的男主角朴新陽。曾經喜歡，不，是曾經愛過朴新陽的我們，因為對同一個男人的愛戀而更加團結在一起。我從報紙上剪下朴新陽的全身照，然後貼在書桌上，為了不要忘記高三學生的本分，還寫了一句：「寶貝，我們一起用功吧！」

《巴黎戀人》最後一集播放時，看完至今依然因為史無前例的結局，而讓人議論紛紛的那一天，我悲痛得說不出話來。我們緊握著手機，沉默了老半天，反覆咀嚼這齣悲劇。在沉重的靜默之後，我終於罵出低俗的髒話，這是我潛在的髒話運用能力爆發出來的日子，二零零四年八月十五日⑤。

由於我和朋友對電視劇男主角的喜好相似，因此當朋友們都為《對不起，我愛你》裡蘇志燮的眼神而瘋狂時，我們則是讚揚他美麗的手。在《請回答1988》我們不對深情的朴寶劍感到心動，而是喜歡傲嬌的柳俊烈。

我們的對話通常以電視劇開始也以電視劇結尾，但不知道怎麼搞的，最近有些彆扭。大概是因為有越來越多不是從電視劇裡，而是從現實中找來的話題，這是我們十八年友情的最大危機。

⑤《巴黎戀人》播出完結篇的日子。

事件的開端是朋友的哥哥結婚一事。今年年初，朋友因為哥哥結婚，而被賦予了「小姑」這個新角色。光是朋友變成小姑這一個事實，就讓我對她產生了距離感，她的臉好像一下子就變得很邪惡，說話的語氣也變得有點討人厭，而朋友看我的眼神也變得不一樣了。

哥哥結婚之前，她比誰都認真聆聽我對婆家的抱怨，現在則是我每說一句她就要反駁一句。她當面責問我說長輩們會疼愛絲毫不肯讓步、犧牲，及自我感覺良好的媳婦嗎？

「每次我叫我哥常回家時，他總是說自己很忙，但是我卻在社群網站上看到他們夫妻跑去某個地方玩。我告訴我媽，結果我媽大發雷霆。」

「妳為什麼要把這件事告訴妳媽？結婚之後，當然會想要兩個人一起度過週末啊！總不能每次休假都要回家看爸媽吧？這我完全可以理解欸。」

「妳知道我媽每天都對我說什麼話嗎？正因為如此，人家才會說要娶個好媳婦進門，大嫂也要試著撒嬌和做出讓我爸媽疼愛的行為吧！這樣家裡的氣氛才會好，但我家大嫂卻不這麼做。」

「妳家氣氛本來就不好吧？那種氣氛有可能突然間就改變嗎？還有，媳婦是什麼康樂股長嗎？撒嬌由妳來不就好了！」

對話越深入，嘴角就越下沉，眉頭也變得越皺。我拿著杯子的手在顫抖，與我的意志無關，突然指著鼻子罵人的瞬間，一場無法挽回的戰爭便就此展開。因為《巴黎戀人》而學到的髒話，就這樣再次派上用場。

充滿髒話的聚會，因為其他朋友介入調解之後，才勉強平穩下來。我明明就不是朋友的大嫂，卻平白無故生起氣來，而她則是站在與她素未謀面的我家小姑那邊。

曾經比任何人都還要合拍的我們，從被賦予媳婦和小姑這個新身分的瞬間，對話就開始變得沉悶。

「我老公在婆家說他要洗碗，竟然引起天大的騷動，婆婆深怕寶貝兒子的手沾到一滴水而戰戰兢兢的。他們以為媳婦是在什麼女童軍團露營地中，一邊洗碗一邊長大的嗎？」

「哎呀，那行為真的很欠罵啊！妳知道嗎？我哥也是，我大嫂在洗碗，他竟然跑去說他來洗。明明結婚之前從來沒有洗過碗的，我媽和我都超無言。」

「不久前我老公生日，我婆婆打電話給我老公，一直問說：『媳婦有煮海帶湯給你喝嗎？』『她娘家準備了什麼啊？』為什麼要特地強調這個，我老公生日是什麼國慶日嗎？」

「她是關心兒子才會這樣啦！擔心兒子生日當天連飯都沒辦法好好吃。我哥結婚之後也瘦了好多，我媽準備了好多菜給他們，但我大嫂卻說他們沒在煮，連拿都不肯拿，妳不覺得這太過分了嗎？」

「相同的情況、不同的解釋」在我們的對話間無限輪迴。只要朋友出拳，我就到處閃避，然後給她一記上勾拳，把她的頭骨打裂，來勁的我揮著劍，謀求百分之百的勝利，她則使出龜派氣功，把我逼入絕境……一場沒有勝敗的無聊戰爭持續上演。

曾經比任何人都還要親密的我們，如今卻成了一見面就爭吵不休的關係，因為媳婦和小姑的殘酷關係，讓我和她之間的距離變得太遙遠了。

「妳也去結婚看看。」

每次舌戰的最後一幕都差不多。將一杯酒送進嘴裡後，邊這麼說邊吐出一大口心中的悶氣，嘴巴裡充滿苦澀，不全都是因為酒。

朋友回答：「妳現在是在詛咒我嗎？」怎麼可能呢？這只不過是我請求她體諒的委婉表達罷了。然後，她也好像等了很久似的補上了一句話：

「妳也讓妳弟結婚看看。」

「換位思考」這句名言，是不是為了這種時候而創造出來的呢？

正如朋友所說，我應該想想看，如果我弟結婚了，我成為大姑的話，情況會變得如何呢？

很不幸的，我媽已經預約了不及格的婆婆。她每次都會在我不在家的時候跑來整理冰箱，甚至還會掃地、洗衣服，然後再進行碎念轟炸。

雖然十次有九次會因為我發脾氣而被阻擋下來，但是僅有的那一次，就夠讓人備感壓力了。

我因為是女兒，所以可以不耐煩、可以生氣，但如果是婆婆硬要我接受這種不想要的親切的話……光用想的就令人不寒而慄。

我未來的弟媳啊，我先向妳道歉。

然而，胳臂總是向內彎。說不定我到時候十次會有一次是站在我媽那邊。想到未來的我，終究還是會成為典型大姑，心裡就覺得很不是滋味。

原來我是如此奸詐卑鄙的人，就這樣，我從媳婦進化成大姑的角色，接著總有一天也會升等到婆婆的角色。仔細一看，我的心裡有婆婆。

當我思考著我會成為怎樣的婆婆時，我重新領悟到了，所有的婆婆也都曾經是媳婦。

她們曾經是怎樣的媳婦呢？
曾經想成為怎麼樣的婆婆呢？
是不是太快就忘了那個時期了呢？

很多事，不需要理解

我因為工作的關係，需要常常與人見面。主動向陌生人搭話的事情不計其數，手機的通話紀錄，總是有數十個陌生號碼。就這樣，每天都會建立起新的人際關係，也因此我的識人能力很好。簡單來說，就是只要談話三十分鐘，便能大致掌握坐在我對面的是怎樣的人。

朋友們常說我的眼力很好。她們一旦有了男朋友，就會找我去吃飯，大家一起相處一段時間後，再請我謹慎的給予評價。於是我就像女巫般，瞇著眼睛傳達簡短的評語。

雖然大部分都是「人不錯」、「很配」等好話，但偶爾也會有人得到「不怎麼樣」的負評。那些得到我負評的男人，最後全都走上壞男人之路，無一例外。當這些朋友的戀愛失敗，我安慰著哭得唏哩花啦的朋友時，都會咂咂嘴說：「所以妳早該聽我的話了。」我看人的眼光多準啊！

然而，這些都是過去的事了。現在我的可信度跌落谷底，冷清到身邊只剩蒼蠅在飛。讓我的實力引起爭議的關鍵，正是我的婚姻。終究「和尚難剃自己的頭」啊！我反省過去的自滿。儘管如此，我還是認為我選擇的男人並沒有什麼大問題，這是必須酌情量刑的部分。

但是，如果您問我說：「那妳有什麼罪？」，我會說我的罪是我認識並愛上這個男人，卻把結婚想得太簡單，導致我沒有留心觀察他的家人，我沒有掌握婆家人的性格，在經歷了一段混亂的時間後，才發現他們和我想的不一樣，而終究還是受到了傷害。我曾經用無論如何都要改善情況的意志，努力的去理解他們。雖然我試著以一些荒謬至極的包裝來說服自己，像是「是啊，婆婆本來就可以無視媳婦」、「婆婆可以對媳婦訂立不合邏輯的標準」等，但越是這樣，我的頭就越痛。

這輩子是不可能理解他們了。我的靈魂在世俗生活中已飽經風霜，絕對不可能具備包容及理解那所有行為的寬宏氣度。

我果斷的放棄不可能的事情，並選擇轉換方向。在解決問題的過程中，理解並不是必須的。許多成績好的人，都是找出正確答案的能力比理解力還優秀。許多深奧難懂的題目，無法在時間內理解而解開題目，但藉由銳利的眼神，只抓取符合的公式代入，就能找出正確答案。

我運用我的特殊技能——眼力技能，來分析婆婆的性格。我的結論是：情緒起伏很大、非常固執，而且很在意他人的眼光。我將這些東西整理成某種程度的行為公式，根本沒必要去理解原理，只要按照公式做，答案就出來了。

某次我們在婆家附近的餐廳吃飯，順便慶祝小姑生日。婆婆希望吃完飯後，大家可以再回到家裡坐一下。因為已經晚上九點多了，這一坐肯定會坐上兩三個小時。更何況，從婆家回到我家需要一個多小時，我不可能不擔心明天還要上班。

我在餐桌下用手指戳了老公的大腿。老公反射性的說出：「現在已經很晚，今天就不要過去了。」他一說完，婆婆的心情就變得很差，此時她需要一個出氣筒來排解她不爽的情緒。如同我所預料的，那個出氣筒就是坐在她前面的媳婦。

「好吧，這麼晚了，是該回去了。不過，媳婦啊，今天是妳小姑生日，妳怎麼沒有買個蛋糕來呢？」

是啊，婆婆，我就知道妳會把矛頭指向我。以前的我肯定會在毫無防備的狀態下被揮上這一記重拳，然後摔個四腳朝天，然而，現在的我，已經不再是這樣了。我不知道她為什麼要將矛頭指向安靜待在一旁的我，但是我早就已經做好準備了。

「唉呀，誰說沒有。我說要買蛋糕來，但是老公說妹夫會買，說我幹麼沒事要買兩個蛋糕。親愛的，你看吧？我就說婆婆會生氣，你真的是專挑會害我挨罵的事情做。」

我從容不迫的將婆婆使勁射過來的箭，轉移到老公那裡去。當肇事者不是媳婦，而是變成親愛的兒子的瞬間，它便喪失了攻擊力。被看穿招式的攻擊，毫無力量可言。

婆婆一臉尷尬的喝著水，只留下一句毫無意義的話：

「是你妹生日欸，你也真是的……」

老公和我付完飯錢就回家了。

不久之前還有「保險費事件」。老公的保險是由婆婆來管理的，她將這個當作理財的一部分，因此全部都是儲蓄型保險。不過，只有被保險人是老公，繳錢及到期後領取保險金額的人都是婆婆。我無意干涉婆婆的理財方式，但最近發生了一些問題，婆婆跟老公說保險費讓她負擔太大，所以以後要老公給她跟保險費一樣多的零用錢。

即使老公發生事故而獲賠保險理賠金，錢也是給婆婆，這保險跟老公一點關係都沒有，卻還要他繳錢，這種算法也未免太奇怪了吧？雖然老公曾說過他自己會去保其他保險，但是婆婆不接受，所以我需要適當的對策。

幾天後，我們在婆家喝茶時，婆婆提起保險的事，說她被老公的保險費壓得腰都挺不直了，然後突然從房間拿了一疊紙出來，正是老公的保險費繳費通知單。雖然老公說：「就是因為這樣，才叫妳快點把保險解約啊！我會重新保我需要的保險。」但是這些話一點說服力也沒有。

「這些都是為了你才保的啊！媽媽我不管做什麼事，從來不曾半途而廢。中途解約多可惜啊！媳婦，妳說是不是？」

是啊，那還用說，全都是為了兒子著想才保的吧！從這個角度出發，我也有為老公準備的東西。我將婆婆攤開放著的保險費繳費通知單一張一張拿起來，一邊亂講一些背好的保險用語，一邊假裝我全部都懂的樣子。A保險和B保險因為保障內容重複，所以日後不能享受兩份利益；C保險的理賠範圍和條件非常嚴苛，也就是說，實際上很難得到理賠。

婆婆喜歡往自己臉上貼金，依她的性格，肯定會在大家聚在一起的場合提起保險的事情。而且，我也已經預想到，因為婆婆個性固執，所以不管老公怎麼說服，她都不會輕易放下，為了應付這一刻，我事先查看過所有以老公的名義投保的保險，還將問題點列出來。光是分析保險，就花了超過一星期的時間。

我在家人面前進行簡報，將經過比較分析後找到的問題點一條一條指出來。雖然不是很懂意思，但是我先將背好的保險專業用語混入使用，讓誰都無法輕易開口。

大約二十分鐘的保險分析簡報結束之後，大家點了點頭，表情一臉癡呆。

「媽，大嫂說的好像沒錯耶！妳是不是被騙了啊？快點解約吧！」

「是啊，媽，這麼難獲得理賠，幹麼還要繼續繳錢？立刻去解約吧！」

「我還不是因為覺得可惜才這樣的……那也沒辦法，只能解約了。」

雖然婆婆不滿意這個情況，但是也找不到反駁的理由，不久後她就把保險解約了。並且再次強調說，無論是儲蓄還是保險，這都是她有生以來第一次中途解約。

行為公式並不是只能在有衝突時使用，若能預測對方的行為也可以使得勝的機會變大。

兩家父母生日的時候，我們都會準備零用錢和蛋糕。這次婆婆生日，我也事先預訂了蛋糕。那是在社群網站上看到的零用錢蛋糕，蛋糕周圍豎立著一捲捲千元鈔票，可以同時送上蛋糕和零用錢，這是最近很流行的孝親禮物之一。我在事先預訂的蛋糕上，還加了一句稱頌婆婆美貌的句子，直接瞄準了婆婆注重面子的性格。

最後，果然很成功！婆婆生日那天，她看到蛋糕便讚嘆不已，將蛋糕轉來轉去，興奮的拍照。她將插在蛋糕旁邊的千元鈔票抽起來時，笑聲非常豪邁，聲音大得令人擔心會引來鄰居抱怨的程度。挑嘴的婆婆平常連一塊蛋糕都不怎麼吃，那天她不僅說好吃，而且還吃了兩塊。我是真的覺得不好吃，所以只吃了一口就放下叉子。

隔天，婆婆的臉書大頭貼被換成蛋糕的照片。婆婆一直以來都只放露臉照，想不到竟然會換上沒有人臉的照片，這在當時可是唯一的一張。我一邊看著照片一邊點頭，果然不出我所料。

一天打兩三通請安電話、親自下廚請她吃一餐、買她喜歡的零食過去……像這樣的事做一百次，稱讚也只有那一瞬間。比起那種真誠的行動，我家婆婆更容易被可以展示給別人看的好東西所感動。假如我必須付出努力的最低限度是十，我會將全部都用在正好符合婆婆喜好的那一個行動上。如此一來，只要花費十，就能得到一百的效果。

婚姻是一連串的衝突。具有不同價值觀及喜好的人，一瞬間被綑綁成一家人，這可不是一般的問題。

數十年來彼此都是以不同的想法在生活，突然之間必須要相互理解及包容，這是不可能的事。我敢保證，即便是再怎麼孤單難過也不哭泣的小甜甜，在進入婆家世界的瞬間也會留下眼淚。

然而，下雨的日子，只要事先準備好雨傘就行了；天氣冷的時候，只要穿上羽絨外套就可以了。因為沒有雨傘而淋雨才是問題，畢竟隨時都有可能下雨。只顧著擔心即將到來的寒流卻毫無對策，永遠都會覺得冬天很冷。和婆家發生衝突是非常理所當然的事，與其埋頭苦思，不如提前做好準備，這樣一來，情況會變得出乎意料的簡單。

「這個時候差不多要飛來一記中距離射門了」、「現在要鏟球了」只要會預測和應對，就可以閃避了，甚至有時候還能有反擊的機會。如今，我十次有七次能預測出婆婆的行為，雖然還有很多是我還是無法理解的，但無論如何，我的內心確實變得舒暢多了。反正這輩子要理解是沒有希望了，比起人文學的觀點，數學的方法更有用。

好媳婦，是一種怪異的稱讚

我的手非常不靈巧。或許是因為手長得既粗又難看，所以對於要求精細手藝的事情我完全做不來。話雖如此，但還是有一個我可以做得很好的事情，那就是包餃子。由於我們全家都很喜歡吃餃子，因此全家人坐在一起包餃子，是我家每年的例行活動。

我從舌尖逐漸認識餃子滋味的幼年時期開始包，包餃子的經歷已經超過二十年了。如今，即使餃子皮好像薄得快破掉，我也可以用不輸大師的實力放滿餡料，包出外表光滑美觀的完美餃子。

但從去年開始，娘家中斷了包餃子的家庭手工業，失去了可以發揮包餃子實力的場合，讓我覺得有些遺憾。因為我們發現了好吃的餃子店，比家裡製作的餃子還要好吃，那是連挑嘴的爸爸都認可的美食餐廳。雖然是賣改良式湯餃的地方，但是辣辣的湯頭搭配跟拳頭一樣大的超大餃子，這個組合實在令人感動。也因為價格不貴，所以每次去都會外帶一堆，然後存放到冷凍庫裡。

因為我也想讓老公嘗嘗好吃餃子的味道，所以我曾經刻意在回娘家時帶他過去吃。對於只嘗過冷凍水餃滋味的他，吃完後還高興的說自己找回了遺失的味覺。雖然不是我做的餃子，但是看見老公吃得這麼津津有味的樣子，我莫名感到很欣慰。

「公公也喜歡餃子吧？要外帶一些過去嗎？」

我突然想起，公公曾經在某次聚餐時說過他喜歡餃子。老公說：「這是個好主意，我們就外帶足夠讓全家人一起吃的分量過去吧！」接著我們外帶了一堆餃子、肉湯、蔬菜以及刀切麵前往婆家。

全家人聚在一起，津津有味的吃著湯餃。雖然吃得汗流浹背，但是邊吹邊吃，也別有一番樂趣。

一個月後，我再次到婆家拜訪。我和婆婆一起在廚房準備家人要吃的水果時，卻聽到了意想不到的話。

「怎麼沒帶餃子來？」

婆婆有寄放餃子在我家嗎？我想了一下，我沒有必須歸還的餃子啊！她問我為什麼沒帶來，我還想反問她為什麼必須要帶來呢！或許婆婆是認為上次大家吃得津津有味，這次當然也要買來，所以才會對著無法達到她期待的媳婦，表露失望。不知道是餃子內餡爆出來的聲音，還是我內心爆炸的聲音，我心裡突然變得不是滋味。

就像等著鳥媽媽回來餵食的小鳥寶寶一樣，大家都不是在等我，而是等著我提在手上的餃子，然而我竟然這麼不貼心。

我對自己當初的思慮不周深感懊悔，看著假裝咳嗽來逃避話題的我，婆婆心裡一定是暗暗在期待，下次可以吃到餃子，但是我已經下定決心了，我再也不會買來了！

因為好意持續下去，就會被認為是義務。

假如當初沒有買餃子來的話，我就不會聽到這種碎念了，假如不想每次去婆家都要提著餃子過去的話，打從一開始就不該買去。沒有人記得因為吃了我好心買來的餃子而心滿意足的事，只會不斷回想，沒有將公公喜歡的餃子再次買來的媳婦的刻薄。

就這樣，我再次學會了人生。

做了九次乖巧的行動，只要有一次疏忽，他們的失望就是雙倍。他們不會記得九次的體貼，只會想起一次的失望。只要不是十次都做得很好（即使都做到了也只是剛好），不管是九次還是八次，這些好意都沒有意義。

想來想去，我還是覺得我沒有自信做滿十次。忍耐著去做不想做的事，而且還得做滿做好，這是縮短壽命的捷徑。

我不要為了求表現、為了獲得疼愛而做出虛情假意的行動，我下定決心要按照我自己的方式去做我能力所及的事情。

結婚之後，我打給公婆的請安電話用十根手指頭都數得出來。只有生日或有特別的事情時才會打電話。我從小學習到的電話禮儀是「只說重點，長話短說」，我只不過是忠於這點罷了！

不僅是公婆，無論是誰，我都不會沒事拿著電話聊個不停。談戀愛的時候，老公也曾經傷心的問我說，為什麼我都不主動打電話給他。連對待戀愛對象都是這樣，其他人就更不用說了。偶爾因為有事而打了電話給公婆，他們就會拐彎抹角的表達內心的失落。

「唉唷，像這樣打電話來多好啊！想聽到妳的聲音還真是很難，妳最近很忙嗎？」

絕對不能被這種話給迷惑。如果不想一輩子都這麼做，就不該有開始。要是打請安電話會覺得彆扭，還會感受到壓力的話，那乾脆選擇不會讓心裡感到不自在的選項吧！

Line 地獄也是一樣。結婚之後，我被拉進了婆家的聊天群組，在那裡我的存在輕如鴻毛，甚至連在不在都不知道，我極其安靜的隱藏著身軀。每天早上婆婆都會轉傳一些令人好奇出處的文句和照片，但是我絕對不會回話。因為一旦開始回話，以後每天早上就得煩惱「今天要做出怎樣的反應才好？」我可不想感受那種壓力。

可是，很多事即使沒人要求我做，我也會去做，例如：照顧夫家的爺爺、奶奶。結婚後首次遇到先生爺爺舉辦生日宴會，老公因為人在國外，所以無法參加。雖然我一個人去感覺有點尷尬，但我還是去了。我在百貨公司深思熟慮了一個小時才選定要給爺爺的禮物，還為了當天會一同出席的奶奶買了一小束花。

爺爺生日的時候，全家人會聚在一起吃飯，但是奶奶的生日卻沒有特別慶祝。不久之前夫家奶奶生日到了，我感覺她會很失落，於是偷偷的向老公要了地址，寄了一束花過去，並打電話祝奶奶生日快樂。媽媽說女人年紀越大越喜歡花，這句話好像很對，奶奶收到花之後，非常高興。

老公說連他都沒想到要幫奶奶過生日，我竟然記在心裡，令他十分感動，婆婆也向我說了聲謝謝。雖然我完全沒有預料會聽見這些話，因為媳婦奉上的小小花藍，竟然能讓大家的心情如此愉快，這件事讓我覺得很開心。

但是，我突然覺得老公和婆婆的稱讚十分怪異。九次都做不好但一次做得很好，大家就說我乖巧懂事。我想起我為了成為好媳婦而忍受那些討厭的事情時，所有人都不認同我的努力，不禁苦笑了一聲。放棄成為好媳婦之後，就發生了聽到人家說我是好媳婦的超級怪事。

老公的洗碗革命

趁鬼轉身面向牆壁的短暫空檔，我安靜且緩慢的移動腳步。「安靜但持續」的前進，不知不覺就能到達鬼的身邊。等到鬼意識到我的存在時，遊戲也結束了。我從容不迫的救出被鬼抓住的同伴們，然後放聲大笑。對手越是不簡單，我越是如此，緩慢的移動總是能讓對手鬆懈。

去年中秋節，和往常一樣，老公和公公在客廳剝栗子。但和往常不一樣的是，老公親自烤了串燒，而且還和我一起洗碗。我用洗碗精將碗盤上的油汙洗掉後遞給他，老公就用水嘩啦嘩啦的將碗盤沖洗乾淨，然後放在瀝水架上。這看似沒什麼大不了的舉動，卻令我十分感動。

婆婆非常討厭老公走進廚房，彷彿那裡藏了什麼不能被看見的東西，只要老公在流理臺附近走動，她就會立刻衝過來把他趕走。我以為他一直以來都是手不能沾到一滴水、從小嬌生慣養的大少爺。直到聽了老公的話之後，我才知道事情並非我想的那樣，他說結婚前自己做飯來吃、洗碗都是很稀鬆平常的事。

但是不知道為什麼，娶了老婆之後，就被禁止進出廚房了。現在只有美麗的媳婦才能享受在廚房洗碗的特權。結婚後的第一個節日，我試著把他召喚來廚房，努力嘗試了好幾次，但婆婆每次都用鐵壁防守將老公擋下。

「兒子，你一個大男人，幹麼在廚房閒晃？去客廳和爸爸一起看電視，食物由媳婦和我來準備就很夠了。」

所謂的「很夠」是以一當百的強壯工人，已經被替換上場的意思嗎？她對於媳婦那長得一副很會洗碗的粗手臂信任有加，但我並不是那麼值得信賴的類型啊！我竟然親身聽見了只在電影或電視劇裡看過的「男人禁止進出廚房」的命令，這讓我感到非常驚慌。

即便南北韓都已跨越了軍事分界線，來到能夠手牽手的時代，廚房和客廳之間、男人和女人之間，仍然存在著看不見的「家事分界線」。

想在自己家裡自由的到處走動，比想像中的還不簡單。老公試圖越線前進到廚房來，試了好幾次，都被隨時警戒的婆婆給抓到。老公一下子就放棄並轉身離開，就連唯一站在我這邊的老公都轉身離去了，我在這個地方真的徹底的變成一個人了。

在沒有半個我方人馬的客場比賽中，很難找回自己的步調。如果是平常的話，我肯定會叫老公快點來幫忙，並且瘋狂的碎念他。那天的我卻保持沉默，就像想用做事來抵欠款的落魄女主角一樣，我因為開不了口而輸得一敗塗地。

我仔細的分析失敗的原因。因為才剛結婚不久，婆家的陌生氣氛讓我感到不知所措，不能忤逆公婆的規矩也讓我產生很大的心理負擔。對公婆、老公、小姑等選手的了解度不足，導致緊張和害怕加倍。

我必須避免重蹈覆轍！心中懷著失敗的恥辱，我握緊了拳頭，等待再次對決之日。在此之前我先集中火力攻破老公，我告訴他一個人在別人家裡洗碗是怎樣的心情，為了讓他的身心靈能同時理解，直接讓老公在我娘家實習這個洗碗的過程。於是在某種程度上，他總算能理解我的苦了。先將老公變成我這邊的人，這件事就比較容易成功了。

節日再次來臨，婆家的景象依舊沒變，女人在廚房忙進忙出，男人則在客廳享受悠閒。儘管我已經那樣教育過他了，老公依然害怕進出廚房。他似乎是怕遭受婆婆的斥責，因此故意背對廚房。為了替他植入勇氣，一有空檔，我就以眼神向他傳送信號。就像企圖進行詐騙的夫妻檔，一邊互傳暗號一邊尋找適當的時機下手。

老公好像是剝完栗子了，他伸了一下懶腰，然後拿著剝好的栗子走進廚房。很好，很自然，平安無事的抵達敵軍陣營。老公環顧著很久沒有進來的廚房，並且在我身旁打轉。他開始管東管西，然後一下抓食物來吃，一下撐大鼻孔嗅聞油味。雖然婆婆因為兒子走進廚房而露出不悅的表情，但是因為老公也沒做什麼，所以婆婆並沒有叫他出去。

老公可能認為現在正是時候，他吞了一口口水，接著用非常不自然的語氣說：「哎呀，要洗的碗盤還真多啊！」任誰聽了都會覺得他是受我指使，才會說出這句沒有靈魂的台詞。我故意站在離洗碗槽很遠的地方，老公則拿起橡膠手套，這一瞬間，婆婆突然抓住老公的手，接著把橡膠手套搶走，立刻遞給我。

比熱羅姆．博阿滕⑥更迅速、更精準的防守能力令人嘆為觀止。我糊里糊塗的收下手套，比賽瞬間結束。如此快速的判斷力及敏捷的動作，婆婆待在這裡實在是太浪費她的才能了。請您不要待在廚房，前往更寬廣的世界吧！

然而，離開廚房的人不是婆婆，是老公。老公的背挨了婆婆一記凶狠的拍打後，腳步沉重的離開了現場。我在沒有老公的廚房裡，做完沒有工資的勞動之後，心情變得非常不爽。

只要懷著這樣的心情回到家裡，尷尬的氣氛就會一直延續下去，絕無例外。我因為不爽指數變高而閉口不語，老公則是戰戰兢兢的觀察我的臉色。明明是要讓家人之間親睦和諧的節日，怎麼會每次到了過節時，我們之間就築起了一道高牆。

我認為必須有所改變才行。只是，正面突破太危險了。我決定移動得慢一點。等待對方覺得我看起來微不足道而掉以輕心的時候吧！攻擊應該要趁敵人鬆懈之際，才好進行。

下一個節日去婆家，我發現老公進出廚房變得更加自由了。起初管制得很徹底，但只要進去過廚房一次，婆婆也就不覺得這種景象有什麼好奇怪的了。說不定婆婆根本沒有意識到，他在這裡。老公在洗碗槽和瓦斯爐附近打轉之後，馬上消失，這樣的存在感並不大。同時這也意味著，現在這種景象已經被習慣了。

老公和往常一樣在廚房裡晃來晃去，然後慢慢走近正在煎煎餅的我的身

⑥ 德國足球選手，是在足球比賽中表現出色的後衛。

邊。我們夫妻倆一邊討論著先沾蛋汁還是先沾麵粉等不重要的話題，一邊虎視眈眈的盯著機會。我趁婆婆不注意的時候，用比光速還快的速度將鍋鏟扔給老公。從容不迫的離開瓦斯爐前面，並躲進廁所裡。我休息了一會兒才重新回到廚房，這段期間老公都待在廚房做煎餅。我看著他，感覺他的背影從來沒有這麼可靠過。

「兒子，既然現在媳婦回來了，你就快點出去吧！你什麼時候煎過餅了？看你弄得手忙腳亂的，是要把拜拜的食物搞砸嗎？」

不會做菜就可以正大光明的離開廚房？

婆婆，您為什麼現在才說呢？說到沒有手藝這件事，我可是比老公更厲害呢！我開心的睜大眼睛並露出微笑，但那是只適用於老公的特殊條約。儘管我用生疏的廚藝將煎餅煎得破破爛爛的、把桔梗弄得比人參還苦，婆婆始終對我很寬容。並沒有發生將不會做菜的媳婦趕出廚房之類的刻薄無情。

這次節日，老公也在廚房探頭探腦。雖然他堅持不懈的行動，但是並沒有太大的成果。煎完豆腐和明太魚煎餅後，我暫時鬆了一口氣。老公悄悄的靠近我旁邊，自然的拿起牛肉並誇下海口說：「烤肉就包在我身上吧！」說完便開始動手烤串燒。

「親愛的，你把肉烤得很好吃嘛！婆婆，您要吃吃看我老公烤的肉嗎？真的很好吃喔！肉汁都還保留在裡面。」

我努力的搧風點火，老公的鬥志也熊熊燃燒了起來。婆婆看到老公充滿幹勁的模樣也往後退讓一步。

「是喔？那就請我兒子烤得好吃一點囉！」

婆婆正式下達老公也能抓握平底鍋的許可了。不知道是這段期間媳婦烤的串燒令她不滿意，還是她現在已經習慣老公待在廚房的景象了，原因不明。但是，聚集了我們三個人的廚房還可以如此和平，就是一件非常有意義的事情。

老公將所有的串燒都烤完之後，對著正在清洗堆積如山的碗盤的我問說：

「要幫忙嗎？」事實上，兩個人擠在狹窄的洗碗槽前面洗碗，既累贅又不方便。而且老公的手腳很慢，根本幫不上什麼忙。如果想要快點洗完去休息的話，我一個人洗還比較好。

然而，我還是跟老公說：「好啊，一個人洗好累喔！我們一起洗吧！」因為即使現在很不方便，但是只要有了一起洗的過程，老公一個人洗碗的日子才有可能到來。

雖然婆婆聽到我們的對話，但是她沒有特別說什麼。假如老公是說他要一個人洗，婆婆可能就會把橡膠手套搶走。不過老公是說「要幫忙」，而我沒有拒絕，所以即使她心裡很不甘願，也沒辦法阻止。當然，婆婆心裡也有可能是在想：「洗碗是有多難，有必要兩個人一起洗嗎？」

一直到老公在婆家，不，是在自己家，戴上橡膠手套為止，總共花了整整兩年的時間。

想到做到這個程度，就已經花了很多精力和心力。儘管如此，我們還是要繼續走下去，理由非常明確，那就是雖然過程非常緩慢，但是有某些部分正在慢慢變化中。

結婚不是愛情片，是戰爭片

「馬上就是結婚紀念日了，你都準備好了嗎？」

「別擔心！妳可以好好期待一下，我會讓妳刮目相看。」

如同其他夫妻，結婚紀念日對我們來說也是非常重要的日子。不，為了那一天，我們一年三百六十五天都非常盡心盡力，說不定比其他人都還要重視。越臨近結婚紀念日，我們的內心就越焦慮，手腳也越忙碌。大概就像一邊調整步調一邊維持適當的速度感，然後在臨近終點線時，腳底磨破卻仍加速的長距離賽跑選手一樣吧？只要接近決戰的日子，就會用盡剩餘的力量加速，放手一搏。因為可以舉杯慶祝的人，只有一個。

結婚紀念日當天，這個最期待或最想逃避的一天，我們的身心都已經整裝好了。透過齋戒沐浴將皮膚打理得白皙透亮，一邊聆聽蕭邦的〈夜曲 Op.9, No.2〉，一邊深呼吸。看著鏡子大喊加油，接著前往事先預約好的高級餐廳，結婚紀念日的活動終於揭開序幕了。

活動時程是這樣的。將平常因為家境貧窮所以吃不到的肉塊放在面前，用優雅的刀法進行切割，慶祝平安無事度過一年的婚姻生活。一人拿著一杯紅酒，模仿不知道在哪裡見過很多次的場景，拍攝紀念照。填飽肚子之後就移動到續第二攤的地點，通常是在餐廳附近找一間小型咖啡廳，在那裡面對面坐著，然後拿出一團紙，活動就正式開始了。

皺巴巴紙團的真面目是，婚姻生活目標表和自我評價表。我們夫妻倆要盤點我們在一年前的結婚紀念日所製作的婚姻生活目標表，接著進行自我評價的時間。婚姻生活目標表分成共同目標和個人目標。進行的方式是選定三個下一年想要夫妻倆一起實現的目標和三個個人目標。

去年我們夫妻倆的共同目標是「去歐洲旅行、儲存搬家費用、準備懷孕」。

為了搬家，我們決定認真存錢，並約定趁年輕時去歐洲旅行，就算只有年輕一歲也好。雖然暫時沒有懷孕的計畫，但是為了以防萬一（？），我們協議將身體調養好。

將一年前製作的紙張放在桌上，我們夫妻倆忍不住笑了出來。成功一半的滿足感是發出豪爽笑容的發源地。最明確的成功是「儲存搬家費用」。託一天要按十二次計算機才進行購物的福，我們已經存到目標金額，明年就可以打包行李走人了。

去歐洲旅行的計畫則是成功一半。因為我運氣好，有了到歐洲出差的機會，所以去了一趟免費的旅行。短短幾個月內去兩次歐洲令人感到負擔，因此我們將夫妻倆的歐洲之旅順延到下一年。至於準備懷孕嘛……可以包裝成「老公持續服用葉酸，我則是在中斷皮膚科藥物的前提下，一步一步的準備當中」吧？

雖然共同目標有其成果，但真正重要的事情是盤點個人目標。去年的結婚紀念日，我們夫妻倆各自訂立了下一年的目標。像是「減重五公斤、學習新的運動項目、離職」之類的夢想與希望。結果，兩個人都達成三個目標中的兩個，因此打成平局，而失敗的目標同樣都是減肥。

作為第一回合的盤點婚姻生活目標表結束之後，緊接著是各自將過去一年間做得很好的地方和需要反省的地方寫在自我評價表上，然後進行發表。特別是「做得很好的地方」必須獲得對方的認同，為了讓人信服，一定要舉出具體事例或提出客觀數據才行。

結婚紀念日前，讓我們忙得不可開交的原因，就是為了收集做得很好的事例。奇怪的是，我不斷的想起需要反省的地方，卻完全想不到做得很好的地方。

像這樣，一邊回顧婚姻生活，一邊進行綜合評分，選出唯一的一位最終優勝者，當然還有獎金。這是一次獲得三個月零用錢的絕佳機會！因為不想錯失良機，使得緊張感越來越強烈，到了打分數的時候，這是怎麼回事？心臟怦怦亂跳，好像要跳出來似的。重頭戲「頒獎給優勝者」結束之後，還要製作明年的目標表，讓活動溫馨的落幕。

我曾經把結婚想成是「戀愛的加長版」。就像電影下檔後販售的加長版那樣，將因為放映時間而剪掉的片段重新加回去。戀愛的時候，都是從身穿美麗的連身洋裝、優雅的飄動著長髮登場的場景開始播映，但是結婚之後，不管是從累積了兩週的衣服堆中找出那件連身洋裝的模樣，還是穿著高到胸口的睡褲搔搔頭、在地上打滾的模樣，全都會被無情的公開。我以為把卿卿我我的愛情故事刪除的場景加回去的「戀愛加長版」，就叫做「結婚」。

然而，結婚和戀愛的作品風格完全不一樣。如果戀愛是有快樂結局的浪漫喜劇片，那結婚大概就是戰爭鉅片吧！

雖然平均融合了愛情、親情、喜劇等所有類型，但是從大方向來看，卻跟為了生存而展開決鬥的戰爭片沒有兩樣。而且因為是 4DX VR 電影，所以極為生動。多虧於此，戀愛時從來沒有感受過的戰友愛或同志愛，現在正從老公身上可以感受到。在這個無依無靠的世界中，能依靠的人就只有他和我兩個人而已。

戀愛的時候，要是發現苗頭不對，還可以拔腿逃跑，但是現在必須一起跋山涉水，度過槍林彈雨的混亂時刻。

比起一同分享美好瞬間的時候，需要一起克服困難的時候變得更多了。訂定目的地之後，再一起走過去，這就是戀愛和結婚的最大差異。

不僅能互相指引，也能學習等待的方法，朝著相同的地方前進，這種感覺比想像中還要好。一起實現我們在一年前結婚紀念日寫下的小小目標，那個沒什麼了不起的成果，不知道有多麼令我們得意。比獨自做些什麼的時候還要更滿足。這是我透過結婚獲得的最大喜悅。

星期五晚上一起喝啤酒看電影、在棉被裡嘰嘰喳喳的聊今天一天發生的事情聊到睡著、隨時都有可以一起去打網球的人、下雨天可以看到拿著傘站在公車站迎接我的人……相較之下，這些事情都是非常微小的喜悅，不是嗎？雖然聽說結婚是好的時候很好，不好的時候跟仇人一樣，但我還是希望那些美好的日子可以多一點。

我問老公結婚的好處是什麼。話才剛說完，他就毫不猶豫的開口說：

「每天都可以看到妳。」

這回答，實在可視為典範啊！

媳婦，不是為了讓人認同才存在

「你是為了被愛而出生的人，在你的生命中，正享受著那份愛。」

思想偏激的我非常不滿意這首歌的歌詞。我是為了被愛而出生？這麼說來，如果得不到疼愛，就是沒有盡到出生的使命囉？然而，人生在世怎麼可能只有被愛呢？肯定也伴隨著被討厭、被埋怨、被原諒而活，這些都是人們生活的模樣啊！

那天，我和即將結婚的朋友久違的相約一起去喝茶，她對我說了個她的煩惱，令我有點不知所措。

「我的個性不是比較慢熱嗎？和親戚長輩一起吃飯的時候，大家都跟我說：『媳婦要會撒嬌，才會得人疼』，我因為不太會這麼做，所以只能從現在開始努力。」

哎呀，原來是想成為得人疼的媳婦啊！我以已婚前輩的身分來給予建議吧！朋友啊，想要成為得人疼的媳婦，需要非常努力，仔細聽好了。

首先，早晚都要向公婆請安問候。如果因為距離遠而無法親身登門拜訪，也得要打電話過去。即使早上會議遲到、晚上因聚餐喝得爛醉，都別忘了要恭順有禮的用雙手緊握電話，向他們問早。

即使婆婆時不時就會傳些意義不明的長輩圖和格言到家族群組，妳也必須做出熱切的反應。先多買幾組表情貼圖吧！

公婆生日的時候，準備連妳爸媽都沒有享用過的御膳料理是最基本的。

每次週末叫妳一起來吃飯時，就算身體不舒服，或有其他約會，也要放下所有事情前往。當然，空手拜訪是絕對禁止的。如果是到外面用餐的話，即使當下連繳管理費的錢都沒有，也要展現全都由我來買單的美德。

到了節日或是有家庭活動時，就要早點過去，把圍裙準備好穿上，然後直接往廚房走。即使其他家人在客廳邊看電視邊閒聊，也完全不用介意，只要認真做事即可，很簡單吧？

到這裡為止都只是基本的學習內容，只做到這點程度是沒有辦法成為得人疼的媳婦的。如同妳所說，說話時要會撒嬌；每次都要奉上豐厚的零用錢；即使和小姑或妹夫有差別待遇，也必須呵呵笑，保持臉上的笑容。

絕對不能對婆婆說「不」，她可能偶爾，不對，是常常，會說出無視妳的話，也請妳左耳進右耳出。即便妳在場，他們也會搞得好像妳不在一樣，自顧自的聊一些只有妳不知道的事情。儘管如此，妳也不能在意，只要實踐沉默是金的美德就可以了。

啊，還有一件最重要的事情，不能中途放棄這些事項中的任何一項，因為那樣會比不做挨更多罵。

如何？成為得人疼的媳婦真的很簡單吧？

想以得人疼的媳婦為目標，會有很多必須要放棄的東西，其中最先要放棄的就是「自己」。

我不再是我，而是以某某家媳婦的身分，將所有事情重新設置過。一切以婆家的活動為優先，即便有工作也得往後推延，週末的私人時間，必須留給婆家。就這樣，在某個瞬間，我消失了，只剩下想得到疼愛的媳婦。

如果能因此得到幸福的話，我肯定會那樣做，沒有第二句話。但是，那樣做卻不保證結局一定是快樂的。最近我學到的是，努力用在不對的地方，就會是個壞東西，而且偶爾還會背叛妳。

為了減少疑惑，政府應該要進行關於「成為得人疼的媳婦之後，生活是否有所改善」的調查吧？相反的，要是他們也能調查放棄被愛的媳婦到底有多不幸就好了。

假如我接到這樣的問卷調查電話，我會怎麼做呢？

「為了得到疼愛而努力的媳婦請按1，不是這樣的媳婦請按2。」

我會毫不猶豫用力按下2號鍵。

「如果您現在很不幸的話請按1，不是的話請按2。」

這題我也會毫不猶豫用力按下2號鍵。

至少我會把我的一票投給「沒有花費心思去獲得疼愛，但也沒有因此變得不幸」。

上次婆家的祭祖我沒有參加，只有老公一個人去。那天好像是星期三還是星期四，反正是平日，因為聽說半夜才要拜，所以我完全沒有想要參加的念頭。光是下班之後到婆家準備食物，就已經夠累了，竟然還要「半夜拜拜，凌晨回到家，早上再直接去上班」。這麼緊湊的行程是故意要考驗我嗎？

我告訴婆婆我無法參加。理由我就照實說，假如是九點左右拜，我可以參加，但是半夜舉行就真的太勉強了。我以為她會氣到火冒三丈，沒想到事情就這樣順利的過去了，看來婆婆的內心深處也很討厭拜拜。

事後老公說，婆婆假借媳婦的名義，積極的建議減少拜拜的次數及變更時間。這讓公公也改變心意，決定從下次開始將拜拜提早到晚上八點，而且還將次數減少，需準備的祭品也減少了。

如果因為怕公婆生氣而勉強自己去參加，我可能會老得很快吧！那樣一來，我大概光是聽到「拜」字，就會恨得咬牙切齒、血壓升高，最終因為氣火攻心而病倒，然後迎來在祭拜的場合上，得追加一位媳婦的悲傷結局。

媳婦不是為了讓人認同、得人疼愛而出生的人。想要得到疼愛，不一定要費盡心思。不委屈自己，才有辦法描繪出幸福的婚姻生活，在盡忠於媳婦的角色之前，我想先守護我自己。

結婚後，這段混亂不已的婚姻生活，我學到了一些事情。為了家人犧牲，媳婦的忍耐，雖然可以暫時為家庭帶來和平，但是不會持續太久。因為即使忍著疼痛假裝沒事，傷口卻在看不見的地方持續加深，這傷口總有一天會化膿破裂。忍耐是美德的時代，已經在智人時期結束了。

為了得到疼愛而努力的時期，我每天都在受傷。努力變成背叛回來，在我的心上留下傷疤，難以置信的我，又再次把自己帶回那個情況之中。我是不是做錯什麼了？要從哪裡開始改正？要如何改正？為此感到苦惱的同時，又不斷反覆上演相同的情況。我一再回想受傷的情況，然後又再次生氣、忍耐、受傷。

內心崩壞到幾天幾夜都睡不著覺，只要想到被那樣對待，就想用腳狠踹老公的後背。我累得對結婚感到後悔，有生以來第一次這麼厭惡某個人。

於是最後，我放棄了想得到婆家疼愛的念頭。我沒有選擇的餘地，這是能夠維持婚姻生活，又能保護我自己的唯一方法。但從那時候起，我的心開始變得舒暢起來。

現在想想，當初沒能早點放棄真是太令人遺憾了。不然我的人生應該可以減少一些不幸的日子。難道問題在於想獲得疼愛的欲望使我靠得太近了嗎？還來不及看清彼此的刺，就互相衝撞，為了活下去而猛撲過去，會弄得遍體鱗傷，也是理所當然的。遠離了一步，我內心受傷的事情也就減少了。

結婚這個圍籬所給予的空間並不寬，為了不要讓我的刺在無意間刺傷別人，也為了不要讓別人的刺刺到我，我正在尋找最適當的距

離。我認為不能離得太遠，也不能靠得太近，但是要找到適當的距離真的很困難。如果有人能告訴我就好了。

無論如何，只要能找到，不管要花多少時間都沒關係。比起在荊棘叢中打滾的時候，現在變得更好了，可以看到一絲希望。我只希望那一天快點到來，並且在那之前都不要再輕易的對婚姻感到疲倦。

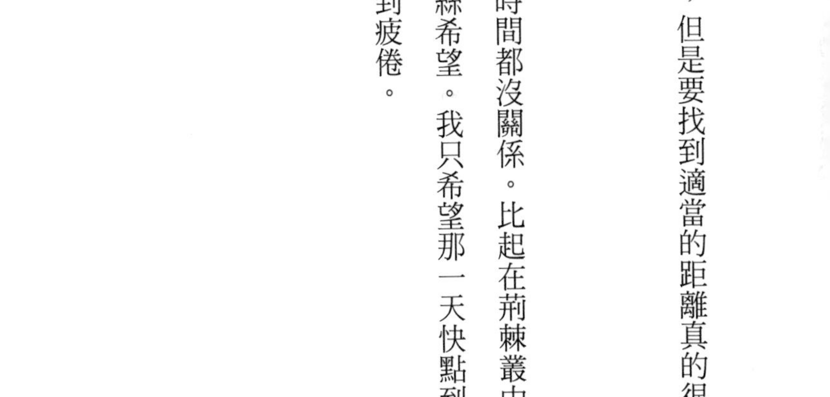

附錄　逆媳聊天室

逆媳聊天室

housekeeper

每次公司聚餐的時候，部長都只會帶男同事和未婚的女同事去續攤。他會對已婚的女同事說：「回家做飯給老公吃吧！」以展現出他的體貼。雖然託部長的福，自己可以因為這樣而早點回家，但是聽到這種話，真的不知道該笑還是該哭？

ladyAga（逆媳）

老公的晚餐連我都不關心了，部長竟然這麼關心？真是太令人感謝了！世界上再也找不到這樣的上司了吧？請每天早上都對著部長行禮，然後告訴部長妳每天早上都會晚一個小時來上班，因為得要做飯給老公吃才行。不能只準備晚餐吧？早餐更重要啊！

逆媳聊天室

mamaboy

我是一個想和女友早點結婚的平凡男子，但是女友因為看到電視上那些欺負媳婦的婆婆，不太願意結婚。我媽真的不是那樣的人啊！我要怎麼說服女友呢？

ladyAga（逆媳）

這位先生，您誤會大了。「媽媽」和「婆婆」是完全不一樣的人格，這就是為什麼即使沒有那樣的媽媽，也還是存在著那樣的婆婆。mamaboy您的媽媽還未進化成婆婆，所以請不要隨便掛保證。

stupidd

不管你的想像是什麼，她都會超乎你的想像。啊，對了，兒子眼裡看不到的東西是最可怕的！

逆媳聊天室

tambourinelove

我娘家的家人很喜歡唱歌，因此幾乎每個星期都會在ＫＴＶ舉行家庭聚會。我爸媽說如果女婿沒有出席的話，會覺得很遺憾，老是要找我老公。但在ＫＴＶ裡搖著鈴鼓的老公，表情一點也不開朗。我想，就如同我在「婆家世界」很不自在一樣，我老公在「岳家世界」也非常不自在吧？

ladyAga（逆媳）

一個理性的人，不會勸酒和強迫別人高興，所以請體諒必須和鈴鼓合而為一的老公的心情。向爸媽提出時薪制如何？如果把它想成是賺零用錢的話，應該可以為老公帶來小小的安慰。如果爸媽覺得這麼做很過分，因此不再叫他來的話，那就太完美了。

逆媳聊天室

fakemother

我是真的把我媳婦當成女兒，所以才會想和她在週末一起逛街、旅行，但每到週末，媳婦總是說她很忙，到底是哪來這麼多事情？對這樣的媳婦，難道我不能感到失望嗎？

ladyAga（逆媳）

請問假如女兒和兒子同時掉到水裡，您會先救誰呢？這問題讓您很苦惱吧？那麼，假如是兒子和媳婦同時掉到水裡，您會救誰呢？這個問題就不會讓您這麼苦惱了吧？所以請不要再說您把媳婦當成女兒了。

police112

隨便亂偷別人家的寶貝女兒，叫作竊盜喔！

逆媳聊天室

dove1004

我不過是說出我的想法，老公就說都是因為我家庭才會失和，要我不要跟公婆頂嘴。於是我這次保持沉默，什麼都不說，結果又追問我為什麼不說話。我開口說話時，責備我為什麼要說話？我不說話時，就怪我為什麼都不說話？到底是想要我怎麼樣？

ladyAga（逆媳）

在婆家說話需要非常高深的技巧。我都是心裡想著其他事情，然後每隔十分鐘說出一句感嘆句：「天啊」、「真的嗎？」、「原來如此」……像這樣，就算只有三句話輪流使用，也可以進行安全的對話。

nohusband

所以才會有人說，老公是跟別人一伙的人。

逆媳聊天室

don'ttouchme

結婚之後，不知不覺已經十年了。我以為我已經很熟悉婆家人暗地裡的無視和差別待遇，但是看到妳寫的文字，我還是會感到鼻酸。如果我現在想要和曾經打擊我自尊心的婆家人說一句話，我要說什麼好呢？

ladyAga（逆媳）

給妳百句話，不如推薦妳一首歌。我記得裡面的歌詞這麼寫：「當我還在的時候，對我好一點，免得將來後悔。當我還在的時候，對我好一點，要對我好一點啊！」請看著婆家人，爽快的高歌一曲吧！

希望所有嫁到奇幻世界的
別人家的寶貝女兒們，
Peace~

HEART
心|視野 心視野系列 056

媳婦，也是別人家的掌上明珠

從「好媳婦病」中徹底痊癒、覺醒的逆媳養成記

作　　者　逆媳
繪　　者　朴柱炫
譯　　者　陳采宜
總 編 輯　何玉美
責任編輯　王郁渝
封面設計　謝佳穎
內文排版　顏麟驊

出版發行　采實文化事業股份有限公司
行銷企劃　陳佩宜・黃于庭・馮羿勳・蔡雨庭
業務發行　張世明・林踏欣・林坤蓉・王貞玉
國際版權　王俐雯・林冠妤
印務採購　曾玉霞
會計行政　王雅蕙・李韶婉
法律顧問　第一國際法律事務所　余淑杏律師
電子信箱　acme@acmebook.com.tw
采實官網　www.acmebook.com.tw
采實臉書　www.facebook.com/acmebook01

I S B N　978-986-507-052-6
定　　價　320元
初版一刷　2019年11月
劃撥帳號　50148859
劃撥戶名　采實文化事業股份有限公司
104臺北市中山區南京東路二段95號9樓
電話：（02）2511-9798
傳真：（02）2571-3298

國家圖書館出版品預行編目資料

媳婦，也是別人家的掌上明珠：從「好媳婦病」中徹底痊癒、覺醒的逆媳養成記／逆媳著；陳采宜譯. -- 初版. -- 臺北市：采實文化，2019.11
232面；14.8×21公分. --（心視野系列；56）
譯自：
ISBN 978-986-507-052-6（平裝）
1. 家庭關係　2. 婆媳關係　3. 家庭溝通
544.1436　　108015677

HEART
心|視野

HEART

心視野